KB195693

생각의 도약

SHIMPAN SHIKO NO SEIRIGAKU by Shigehiko Toyama

Illustration by Jo Ichimura

Copyright © Midori Toyama, 2024

All rights reserved.

Original Japanese edition published by Chikumashobo Ltd.

Korean translation copyright © 2025 by PAGE2BOOKS

This Korean edition published by arrangement with Chikumashobo Ltd., Tokyo,

through EntersKorea Co.,Ltd.

생각의 도약

엉뚱함을 뛰어넘는 초효율 사고법

도야마 시게히코 지음 · 전경아 옮김

page2

당신은 어떤 생각을
하고 있습니까?

우리는 평소에 생각한다는 말을 아무렇지도 않게 한다. 때때로 진지하게 생각해 봐야겠다 싶은 일이 일어나기도 하고, 생각이 잘 정리되지 않아서 조바심을 내거나 비관할 때도 있지만 정작 생각이 무엇인지는 생각하지 않는다. 다른 사람들은 상당한 사고력을 가지고 있다고 생각하며 살아가는 것도 문제다.

여기서 생각한다는 것은 어떤 의미일까? 헤아린다는 것과는 어떻게 다른지, 아는 것과는 어떤 관계에 있는지, 또 어떤 절차를 밟아서 생각하는 것인지 한 번쯤 고민해 봐야 한다. 일단, 이런 걸 새삼스레 반성하는 사람은 예외적인 사람이다.

과거에 학교에서는 생각하는 법을 거의 가르치지 않았다. 그런데도 정신을 차리고 보니 우리는 어느새 저마다 자기 식대로 생각하고, 자기 식대로 생각을 정리하고 있다.

어디서 배운 것도 아니고 특별히 스스로 고안한 것도 아닌데, 어떤 틀 같은 것이 자연스레 완성되었다. 그 사람의 발상은 이 유형에 의해 규제된다. 아쉬운 점이 있다면, 그 유형을 스스로 분명하게 자각하기가 어렵다는 점이다.

자신이 어떤 생각을 하는지 의식하기 위해서는 다른 사람의 틀에 비추어 보는 것이 효과적이다. 이 책이 그런 의미에서 조금이라도 독자 여러분에게 도움이 되면 좋겠다.

생각을 정리하는 방법이나 사고하는 법을 쉽게 가르치기는 어렵다. 따라서 이 책도 독자에게 기술이나 방법을 제공하려는 의도는 없으며, 이른바 '실용서'로 만들지 않으려고 했다.

많은 사람이 생각하는 것은 성가신 일이라고 생각한다. 관점에 따라 다르겠지만 사실 이렇게 호사스러운 즐거움은 없을지도 모른다. 이제는 뭔가를 위해 생각하는 실용적인 사고가 아니라, 그저 생각하는 게 재미있어서 생각하는 순수한 사고가 있다는 걸 발견해도 좋은 시기가 되지 않았을까.

'생각한다는 것은 어떤 것인가'를 생각하려는 사람에게 타산지석이 되면 좋겠다. 조금이라도 좋은 자극을 줄 수 있다면 그보다 행복한 일은 없을 것이다.

　책이 나오기 전까지 쓰쿠마쇼보 편집부의 이자키 마사토시 씨에게 특별한 신세를 졌다. 마음속 깊이 감사의 인사를 전한다.

　　　　　　　　　　　　　　　　　　도야마 시게히코

• CONTENTS •

I

Ⅱ

Ⅲ

Ⅳ

Ⅴ

I

진짜 인재

**혼자 힘으로
날아오를 수 없는 사람들**

공부하고 싶다는 생각이 들면 우리는 학교에 가는 것부터 떠올린다. 학교에 다니는 학생들 얘기가 아니라 나이깨나 먹은 어른들 이야기다. 아이가 품을 떠나 엄마에게 시간이 생겨서 '다시 한번 공부하고 싶다'는 생각이 들면 청강할 수 있는 수업이 있는지 상담하러 대학에 방문한다. 실제 행동으로 옮기지는 않더라도 그렇게 하고 싶다고 생각하는 사람이 많은 것 같다.

가정주부만이 아니다. 나이와 성별에 상관없이 새로운 일을 시작하려면 학교가 최고라고 생각한다. 무엇을 배우기 위해서는 먼저 가르쳐줄 사람이 있어야 한다고, 지금까지는 모두 그렇게 생각했다. 학교는 가르치는 사람과 책을 준비해 놓고 학생을 기다린다. 그러니 학교에 가는 것이 정도(正道)라고 생각하는 것이다.

물론 학교 교육을 받은 사람들은 사회에서 요구하는 지식을 어느 정도 습득하고 있다. 지식을 필요로 하는 직업이 많아짐에 따라 학교가 중시되는 것은 당연하다. 우리 사회는 학교에 대해 강한 믿음을 가지고 있다. 대부분이 고등학교에 진학하고, 대학교 정도는 졸업해야 한다고 말한다.

학생들은 선생님과 교과서가 이끌어주는 대로 공부한다. 자습이라는 말이 있지만 혼자 힘으로 지식을 얻는 것이 아니다. 말하자면 '글라이더' 같은 것이다. 엔진 없이 바람을 타고 하늘을 나는 글라이더는 혼자 힘으로는 날아오를 수 없다.

글라이더와 비행기는 멀리서 보면 비슷하다. 하늘을 나는 것도 같고, 글라이더가 소리 없이 우아하게 활공하는 모습은 오히려 비행기보다 아름다울 정도다. 하지만 슬프게도 자력으로 날 수가 없다.

학교는 글라이더형 인간을 양성해 내는 훈련소다. 비행기형 인간은 만들지 않는다. 글라이더를 만드는 곳에 엔진이 달린 비행기 따위가 섞여 있으면 곤란하기 때문이다. 그래서 위험하다.

학교에서는 어디든 따라가는 순종적 태도를 존중한다. 멋대로 날아오르는 것은 규율 위반이며 그렇게 했다가는 당장에 요주의 인물로 찍혀 버린다. 그렇게 시간이 흘러 글라이더가 되어 졸업한다.

우등생은 '글라이더로서' 우수한 것이다. 날 수 있을 것 같지 않냐, 한번 날아봐라, 하는 말을 들으면 곤란해한다. 늘 가르칠 게 있어서 글라이더라고 불리는 것이다.

학생들은 졸업 직전에 논문을 쓰기도 한다. 이것은 지금까지의 공부와는 사뭇 다르다. 무엇이든 자유롭게 자신이 좋아하는 것을 써보라는 것이 논문이다. 글라이더로는 일류인 학생조차 어찌할 바를 모른다. 갑자기 지금까지와는 전혀 다른 것을 요구하니 할 수 있을 리가 없다. 글라이더로서 우수한 학생일수록 당황한다.

그런 학생이 선생님에게 상담하러 온다. 스스로 생각해 보지도 않았으니 찾아와 봤자 다른 방도가 없다. 선생님에게 일일이 지침을 받아서 써 봤자 도움을 받아 쓴 논문은 자신의 것이 아니다.

도움을 주지 않고 퇴짜 놓는 교사가 있다면 글라이더 학생은 그 교사가 제대로 지도도 해주지 않는다고 입을 삐죽거리며 교사의 잘못을 지적한다. 그리고 학생들을 잘 보살피는 자애로운 선생님에게 달려가 이 책을 읽어라, 저 책을 봐라, 하는 훈수를 듣고는 겨우 논문을 작성한다. 졸업 논문은 대부분 이렇게 쓰여졌다 해도 과언이 아닐 것이다.

소위 성적이 좋은 학생일수록 논문을 쓰는 데 애를 먹는 것 같다. 시키는 대로 하는 것은 잘하지만 스스로 생각하고 주제를 정해 말하는 데는 서툴다. 몇 년 동안 글라이더 훈련을 받았고, 늘 끌어주는 사람이 있었다. 그러다 보니 자력으로 비행하는 힘을 잃어버린 줄조차 모른다.

물론 예외는 있지만 일반적으로 학교 교육을 받은 기간이 길면 길수록 자력 비행 능력은 떨어진다. 글라이더로 잘 날 수 있는데 위험한 비행기가 되고 싶지 않은 것은 당연하다.

아이들은 실로 창조적이다. 아이들은 대부분 쉽게 시인이 되고 발명가가 된다. 하지만 학교에서 지식을 얻을수록 산문적으로 변하고 남을 잘 따라 하게 된다. 옛날 예술가들이 학교 교육을 경계했던 것은 단순한 감정론이 아니었던 것 같다. 비행기를 만들고자 한다면 학교에서 꾸물거리고 있어서는 안 된다.

지금도 프로 바둑기사들 사이에서는 중학교까지 의무 교육을 받는 것이 방해가 된다고 주장하는 사람이 있다. 두뇌 발달이 가장 빠른 시기에 학교에서 글라이더가 되는 훈련을 시켜서는 안 된다는 것이다.

인간에게는 글라이더 능력과 비행기 능력이 있다. 수동적으로 지식을 얻는 것이 전자, 스스로 사물을 발견하고 발명하는 것이 후자다. 이 두 가지가 한 명의 인간에게서 공존한다. 글라이더 능력이 전혀 없으면 기본적인 지식도 습득할 수 없다. 또 아무것도 모르면서 혼자 힘으로 날아보려고 하면 어떤 사고가 날지 모른다. 따라서 두 가지 능력을 적절히 키워야 한다.

그러나 현실에는 글라이더 능력이 압도적이고, 비행기 능력은 전혀 없는 '우수한' 인간이 많다. 그리고 그런 사람도 비상하다는 평가를 받는다.

학교는 글라이더형 인간을 만들기에 적합할 뿐, 비행기형 인간을 만드는 데 별다른 노력을 기울이지 않는다. 학교 교육이 정비되면서 점점 더 글라이더형 인간을 늘리는 결과를 낳았고 서로가 비슷한 글라이더형 인간이 되자 글라이더의 결점을 잊어버렸다. 자신이 날고 있다고 착각한다.

우리는 꽃을 보지만 잎은 보지 않는다. 잎을 보더라도 줄기는 보지 않는다. 하물며 뿌리에 대해서는 생각하려 하지도 않는다. 꽃이라는 결과에만 눈이 멀어 근간에 대해 생각할 겨를이 없다.

들은 바에 따르면 식물은 지상에 보이는 부분과 지하에 숨은 뿌리의 형태가 거의 같아서 대칭을 이룬다고 한다. 꽃이 피는 것도 땅속에 큰 조직이 있기 때문이다.

지식도 인간이란 나무가 피운 꽃이다. 아름답다고 해서 꽃만 꺾어와 꽃병에 꽂아 두면 금세 지고 만다. 꺾어 온 꽃이 자기 것이 아니라는 것은 이 하나만 봐도 알 수 있다.

메이지시대 이래 동양의 지식인들은 서양에서 피어난 꽃을 부지런히 들여 왔다. 그중에는 나무 둘레를 파서 잔뿌리를 쳐내고 뿌리째 옮기려는 시도도 없지 않았지만, 대부분은 꽃이 피어 있는 가지를 잘라 왔을 뿐이다. 이렇게 해서는 이쪽에 같은 꽃을 피우기 어렵다.

뿌리를 생각해야 한다. 그것을 게을리하면 스스로의 힘으로 꽃을 피우는 것은 불가능하다. 지금까지는 꽃을 잘라서 가져오는 편이 편리했을지도 모른다. 그런 상황에서는 글라이더형 인간이 더 귀중하다. 시키는 대로 따르기만 하면 지식인이 될 수 있었다. 자발적인 힘이 있어봤자 성가시기만 했다.

지도자가 있고 목표가 분명한 곳에서는 글라이더 능력이 높은 평가를 받지만 새로운 문화를 창조하려면 비행기 조종 능력이 필요하다. 학교 교육은 이를 외려 억압해 왔기에 갑자기 늘리려고 하면 여러 가지 어려움이 따른다.

한편, 현대는 정보 사회이며 글라이더형 인간을 완전히 그만둘 수도 없다. 그렇다면 글라이더에 엔진을 탑재하기 위해 어떻게 해야 할까? 학교도, 사회도 그 점을 생각할 필요가 있다.

이 책에서는 글라이더이자 비행기 같은 인간이 되기 위해서
는 어떤 점을 염두에 두면 좋을지 생각해 보고자 한다. 글라이더
만으로 안심할 수 없는 이유는 컴퓨터라는 탁월한 글라이더형
능력자가 등장했기 때문이다. 스스로 날지 못하는 사람은 컴퓨
터에 일을 빼앗길 것이다.

자발적 의지

**친절한 교육이
빼앗아버린 창조성**

학교가 글라이더 훈련소처럼 되는 것도 어쩔 수 없는 일인지 모른다. 초등학교에 들어가는 아이는 아직 공부라는 것을 잘 이해하지 못하고, 뭔가를 알고 싶은 마음이 있어도 어떻게 해야 지식을 얻을 수 있는지 모른다. 좌우지간 선생님이 시키는 대로 공부하게 된다. 끌어당겨 주니까 움직이는 것이지, 스스로 움직이는 것이 아니다. 수동적이다.

본래 학습이 그래서는 안 된다는 것은 잘 알고 있지만, 제도로서의 학교가 생기면서 각각의 학생들이 자발적으로 학습 의욕을 가질 때까지 무작정 기다릴 수 없게 됐다. 학교에 다니는 나이는 정해져 있다. 모든 학생이 그때 한꺼번에 학습할 준비가 되어 있을 리는 없지만, 동시에 끌어당기지 않으면 불편하다.

당겨지는 쪽은 왜 당겨지는지도 모른 채 당겨진다. 이렇게 시작된 게 습관이 되고, 이 습관은 학교에 다니는 내내 따라다닌다. 강화되기는 해도 약해지지는 않는다. 그뿐이 아니다. 사회에 나가서도 공부란 가르치는 사람이 있고 읽을 책이 있는 것이라고 믿는다.

학교에서 인정받는 최고 우등생이 반드시 사회에서 성공하는 것은 아니라는 점도 글라이더 능력이 뛰어나다 해서 진정으로 비상할 수 있는 것은 아니라는 증거가 된다. 학교는 아무래도 선생님 말을 잘 듣는 글라이더에 호의를 갖는다. 제멋대로 방향을 바꾸거나 끌고 가도 움직이지 않으면 결함이 있다고 매도한다.

교육은 학교에서 시작된 것이 아니다. 학교가 없는 시대에도 교육은 이루어졌다. 글라이더를 양성하는 방식으로는 진정한 교육이 안 된다는 것도 일찍부터 깨달았다. 교육을 받으려는 쪽의 마음가짐도 달랐다. 어떻게 해서든 학문을 배우고 싶다는 적극성이 있어야 했다. 의욕이 없는 사람까지 가르칠 정도로 세상이 교육에 관심이 있는 게 아니었기 때문이다.

그런 열성적 학습자를 맞이한 교육기관, 옛날 학원이나 도장은 어땠는가. 그들은 입문해도 바로 가르쳐주지 않았다. 오히려 가르치기를 거부했다. 검술을 배우려는 젊은이에게 매일 장작을 패고 물을 길어 오게 하거나 때로는 보모 역할까지 시켰다. 왜 가르쳐주지 않느냐며 불만을 품는 것은 당연했는데, 이것이 학습 의욕을 높이는 역할을 한다는 사실을 과거의 교육자들은 알고 있었다.

한참 뜸을 들인 다음에야 비로소 가르쳤다. 가르쳐주기로 했다고 곧바로 전부 다 알려주는 것도 아니다. 정말로 알아야 할 핵심 내용은 좀처럼 가르쳐주지 않는다. 언뜻 보면 얄팍한 것 같지만 결국 그것이 배우는 쪽에 도움이 된다는 걸 경험으로 알고 있었다.

머리로만 배우는 것이 아니라 몸으로 익혔다. 말로는 좀처럼 가르쳐주지 않는다. 명인인 스승은 그 길로 가는 비법을 극히 잘 알고 있다. 하지만 처음부터 가르치려고 하면 그 비법은 금방 무너져 버린다.

비술은 남몰래 비밀히 전해오는 술법이다. 아무리 애제자라도 숨긴다. 제자는 스승에게 배우기를 포기하고 스승이 가지고 있는 걸 어떻게든 훔치려고 한다. 이것이 옛날의 교육 목표였다. 배우려는 자에게 아낌없이 가르치는 것이 결코 현명하지 않다는 것을 알고 있었다. 스승의 비법은 극소수의 한정된 사람에게만 전수된다.

스승이 가르치려 하지 않는 비법을 빼앗기로 한 문인은 어느새 스스로 새로운 지식과 정보를 습득하는 힘을 갖게 된다. 어느덧 글라이더 교육을 졸업하고 비행기 인간이 되어 스승에게 비법을 빠짐없이 전수받는다. 전통 예능이나 학문이 강한 인습을 가지면서도 개성을 낼 수 있는 여지가 있는 이유도 이러한 전승 방식 속에 그 비밀이 있었다. 옛날 사람들은 수동적으로 흘러가기 쉬운 '학습'을 적극적으로 만들었다. 글라이더를 비행기로 전환하는 방법을 배우는 데 성공한 것이다.

그에 비해 지금의 학교는 가르치는 쪽이 지나치게 적극적이고 친절하며 무슨 일이 있어도 가르쳐주려고 하는 게 눈에 보인다. 학습자는 그저 가만히 입만 벌리고 있으면 원하는 것을 입에 넣을 수 있어 의존심만 키울 뿐이다. 아이러니하게도 학교가 더 열심히 할수록, 더 많은 지식을 제공할수록, 더 많은 학습자가 수동적으로 행동하게 된다. 진정한 교육에 실패하는 것이다.

그래서 뒤늦게나마 주입식 교육에 대한 반성이 일어났고, 글라이더 훈련의 폐해가 주목을 받게 됐다. 주입식 교육이 잘못된 것이 아니라 의욕을 꺾는 주입식 교육이 잘못된 것이다. 공부하고 싶은 마음이 강하다면 주입식 교육이라도 환영하고 얼마든지 지식을 채워 주기를 바랄 것이다. 그러나 거부 반응을 보이는 학습자라면 아주 사소한 일이라도 이렇게 강요당하는 건 참을 수 없다고 반발할 것이다.

과거에는 한문을 몰라도 더듬더듬 읽어 내려갔다. 일명 '소독'이다. 글도 제대로 읽지 못하는 어린아이에게 사서오경 같은 가장 높은 단계의 고전을 읽게 했다. 읽게 한다는 말도 정확하지 않다. 단지 소리를 내는 것뿐이다. 선생님은 무슨 뜻인지 알고 있지만 배우는 아이들은 무슨 말인지 전혀 알아듣지 못한다.

한문의 소독은 의미를 가르쳐주지 않는 것이 보통이고, 그래서 소독이라고 하는 것이다. 아무리 어린아이라도 뱉는 말의 의미가 신경 쓰이지 않을 리 없다. 하지만 가르쳐주지 않으니 어쩔 도리가 없다. 그냥 참는다. 그사이에 의미를 알고 싶다는 마음이 강해진다. 가르치지 않는 것이 오히려 좋은 교육이 되는 것이다.

지금의 언어 교육은 처음부터 의미를 부여한다. 의문을 품기 전에, 호기심을 갖기 전에 가르친다. 의미만이 아니라 글을 쓴 저자에 대해서도 미리 세세한 것까지 알려주려 한다. 그것이 행복한지 아닌지 매우 의심스럽다. 너무 친절해서 탈이다. 옛날에 소독을 했던 아이들은 공자와 맹자의 전기를 꼭 알아야 한다는 말을 들은 적이 없었다.

지금의 학교에서는 글라이더 능력은 있어도 비행 능력을 갖추기 어렵다는 말을 여러 번 했다. 실제로는 글라이더를 비행기로 착각한다. 시험에서 좋은 점수를 받으면 비행 능력이 있다고 지레짐작한다. 이것이 얼마나 많은 혼란을 초래하는지 모른다.

'생각한다'고 하면, 가장 먼저 떠오르는 것은 수학이다. 문장을 읽고 그 속에서 지식과 정보를 끌어내는 다른 학문과 비교하면, 주어진 문제에 대한 답을 찾는 수학은 자의적이고 적극적인 것처럼 보인다. '아는' 활동은 학교의 국어를 중심으로 하는 읽는 학습과 관련되고, '생각하는' 활동은 수학을 중심으로 한 학습과 관련되어 있다고 볼 수 있다.

수학은 사고력을 길러준다고 하지만, 문제를 부여받고 답을 낸다는 점에서 여전히 수동적이다. 문제라는 틀 안에서는 적극적이지만 문제 자체는 다른 사람이 내준 것이지 스스로 생각해 낸 것이 아니다. 학교에서 배우는 수학은 언제나 처음부터 문제가 있다. 스스로 문제를 만들고 그것을 푸는 수학은 보통 한 번도 경험하지 못하고 끝난다. 그리스인들이 인류 역사상 가장 빛나는 문화의 기초를 닦을 수 있었던 것도 그들에게 문제를 만드는 뛰어난 능력이 있었고, '왜'라는 질문을 할 수 있었기 때문이라고 한다.

문화가 복잡해지면 자유롭게 날아다니기가 어려워진다. 비행기는 글라이더에게 성가신 존재다. 학교에서 글라이더를 사회에 내보내는 바람에 글라이더가 넘쳐난다. 창조성이 시끄럽게 거론

되기 시작한 것은, 이래서는 안 된다는 반성이 조금씩 생겨나면서부터다. 그러나 안타깝게도 진정으로 창조하는 방법까지는 생각이 미치지 않고 있다.

아침의 뇌

모든 것이 간단해지는
기적 같은 시간

인간은 언제부터 야행성이 되었을까? 물론 낮에 일하는 것이 상례이지만, 지적 활동은 밤에 시작된다고 믿는 사람도 있다. '가을은 등화가친의 계절'이란 말이 있는 걸 보면 전등이 없던 옛날부터 독서는 밤에 한다는 생각이 있었다는 것을 나타낸다.

사람들은 어느새 밤의 신앙이라고 할 만한 것을 만들어냈다. 요즘 젊은이들도 당연하다는 듯 다음날 늦잠을 자는 수가 있더라도 공부는 밤에 해야 한다고 믿는다. 아침 일찍 일어난다고 하면 노인네 같다고 비웃음을 사곤 한다.

몇 년 전에 나는 밤에 생각하는 것과 아침에 생각하는 것이 상당히 다르다는 사실을 깨달았다. 잠들기 전, 밤에 쓴 편지를 아침에 다시 읽어보니 왜 이런 글을 쓰게 되었는지 스스로도 고개가 갸웃거려진다. 어젯밤과 오늘 아침의 나는 분명 같은 사람인데 왜 다르게 느껴질까? 생각해 보면 흥미로운 문제다.

편지를 쓰는 법을 알려주는 책에 이런 요령이 적혀 있었다. "감정적으로 쓴 편지는 반드시 그대로 뒀다가 다음 날 다시 읽은 후 부치도록 하라. 하룻밤이 지나고 나면 그대로 보내기가 망설여지는 경우가 적지 않다." 아주 현실적인 지혜였다.

아무래도 아침 머리가 밤 머리보다 우수한 모양이다. 밤에 지쳐서 제대로 되지 않는 일이 있으면 이거 더 이상 안 되겠군, 내일 아침에 하자, 하는 생각이 든다. 마음 한구석에서 '오늘 할 수 있는 일을 내일로 미루지 마라'라는 속담이 머릿속을 스치지만 그 생각을 꾹 누르고 잠이 든다. 아침이 찾아오자 어젯밤에는 쉽게 해결할 수 없었던 문제들이 눈 깜짝할 사이에 해결됐다. 어젯밤의 일이 마치 꿈처럼 느껴진다.

처음에는 그런 일이 일어나는 것이 우연이라고 생각했다. 밤의 신자였기 때문이다. 그러다가 이거 참 이상하다고 생각하게 되었다. 우연치고는 똑같은 일이 너무도 자주 일어났다. 늦게나마 아침과 밤은 같은 인간이면서도 다른 사람이라는 것을 깨달게 된 것이다.

'아침을 들기 전(朝飯前)'이란 말이 있다. 그 정도는 식은 죽 먹기라는 뜻이다. 사전을 찾아보니 '아침 식사를 하기도 전에 할 수 있을 정도로 간단하다'라고 쓰여 있다. 그런데 문득 의심이 들기 시작했다.

간단히 할 수 있어서 식은 죽 먹기가 아니라, 아침 식사를 들기 전에 끝내려고 하다 보니 원래는 결코 간단하지 않은 일이 간단하게 이루어졌을 것이다. 그 내막을 모르는 사람이 그걸 보고 식은 죽 먹기라고 부른 것은 아닐까? 어떤 일이든 아침 식사 전에 하면 빨리 해치울 수 있다. 아침 머리는 그만큼 능률이 좋다.

흥미롭게도 아침의 머리는 낙천적인 것 같다. 전날 밤에 완성한 문장이 영 마음에 들지 않아 도저히 이러면 안 되겠다, 내일 다시 쓰자, 하는 생각으로 잠자리에 든다. 다음 날 아침, 다시 정신을 차리고 글을 읽어 보면 나쁘지 않다는 생각이 든다. 이대로 됐다고 생각하기로 마음을 고쳐먹는다.

감정적으로 쓴 편지는 아침의 머리로 다시 생각해 보면 낙제하겠지만 그렇다고 모든 것을 거부하는 것은 아니다. 장점이 있으면 그 부분은 솔직하게 인정하는 너그러움도 있다.

그런 일이 몇 번이나 있어서 저녁형 생활을 아침형으로 바꾸기로 했다. 나이가 마흔쯤 됐을 때였다. 노인들은 대개 아침형

31

인간이 되어 있었다. 완전히 저녁형이라고 생각했던 사람까지 아침이 아니면 일을 할 수 없다고 말하는 걸 들은 적도 있다. 아침에 하는 일이 자연스러운 것이다. 아침 식사 전에 하는 일이야말로 정도를 걷는 것이고, 밤에 불을 켜고 하는 일은 자연을 거스르는 것이다.

젊은 시절에는 멋을 부리며 무리한다. 그만큼의 체력도 있다. 그러나 나이가 들면 무리를 할 수 없어 자연으로 돌아간다. 아침 일찍 눈이 떠져서 곤란해진다. 그래서 나는 나이가 더 들기 전에 노인을 본받기로 마음먹고, 밤에 하던 일을 아침에 하기로 했다. 그렇다고 그렇게 일찍 일어날 수 있을 리 없다. 느지막이 일어나므로 아침 식사 전에 일을 한다는 건 좀처럼 바랄 수 없었다. 어떻게든 바꿔야 한다고 생각했다.

엄청나게 일찍 일어나는 것은 불가능하지만, 아침 식사 전에 가능한 한 많은 일을 하고 싶었다. 그렇다면 어떻게 해야 할까? 답은 간단하다. 아침을 거르면 된다.

8시에 일어나서 8시 30분에 식사를 한다고 치면, 아침 식사 전에 일을 끝내는 건 그림의 떡이다. 그런데 아침을 먹지 않으면 8시에 일어나서 바로 일을 시작할 수 있다. 사실 아침 식사를 거른다는 말은 맞지 않는다. 점심까지 미룬다고 해야 맞다. 아침과 점심을 겸한다는 표현이 좋겠다. '브런치(brunch, breakfast와 lunch의

합성어)'란 말이 있는 것만 봐도 이것이 전혀 이상한 일이 아니라는 것을 알 수 있다. 이렇게 하면 낮까지는 모두 아침을 들기 전의 시간이고, 그때 하는 일은 모두 아침 식사 전의 일이 되어 아주 편리하게 끝낼 수 있다.

대체로 위장에 뭔가를 넣은 직후에 머리를 쓰는 것은 좋지 않다. 소화를 위해 피가 뿜어지니 머리는 멍해진다. 그게 상식이다. 오후 수업을 듣는 학생이 졸음에 시달리는 것은 건강하다는 증거다. 그런 시간에 공부를 시키는 게 애초에 잘못된 것이다.

맹수는 배고플 때만 훈련한다고 한다. 배가 부르면 무슨 짓을 해도 움직이지 않는다. 동물은 인간보다 자연의 이치에 더 충실하다. 반면 인간은 의지를 발휘해서 졸음이 와도 잠을 자지 않으려고 애쓴다.

때로는 그런 일도 필요하겠지만 늘 그렇게 해서는 안 된다. 식후에는 푹 쉬어야 한다. 대신 식전에는 모든 것을 잊어버리고 일에 집중한다. 그사이에 그날의 일을 끝마치는 것이다. 그러려면 오전을 전부 '아침 식사 전'으로 하는 게 좋다. 그러면 8시에 일어나도 4시간이 남아 그사이에 하루 일과를 마칠 수 있다.

나는 거의 20년 동안 그렇게 살아왔다. 그리고 아침 겸 점심을 천천히 먹고 잠을 청하는 또 다른 방법을 생각해 보았다. 밖에서 볼일이 있을 때는 그렇게 하지 않지만 하루 종일 자유로운 날은 중간에 잠을 잔다. 대충 아무데서나 눈을 붙이고 자는 게 아니다. 이불을 덮고 본격적으로 잔다.

그리고 잠에서 깨어난다. 지금이 몇 시지? 오늘 아침은 너무 늦잠을 자서……, 하고 한순간의 낮잠을 진짜 아침으로 착각한다면 매우 효과적이다. 그것을 '나만의 아침'으로 삼는 것이다. 세수를 하고 이를 닦는 아침 의식을 치르면 해가 어느 정도 높이에 있는지 따위는 문제가 되지 않는다. 여기서 새로운 하루가 또 다시 시작된다.

이때는 '아침'을 먹지 않는다. 저녁에 '아침'과 '저녁'을 겸한 진수성찬을 먹는다. 그러면 그전까지의 시간은 전부 아침 식사 전의 시간이다. 이렇게 하면 하루가 이틀이 된다. 실제로 해보면 오후 3시나 3시 30분쯤부터 저녁 6시, 7시까지의 시간에도 제법 머리가 잘 돌아간다.

많은 사람이 사유를 하는 데 시간을 고를 필요가 없다고 생각하지만, 음식을 먹은 후에는 상태가 좋지 않은 것이 분명하다. 몸이 피곤할 때도 마찬가지다. 그렇다면 잠을 자고, 피로를 풀고, 뱃속에 아무것도 들어 있지 않은 아침 시간이 최고라는 것을 쉽게 알 수 있다. 어떻게 하면 아침 시간을 길게 늘일 수 있을지 연구해 봐야 한다.

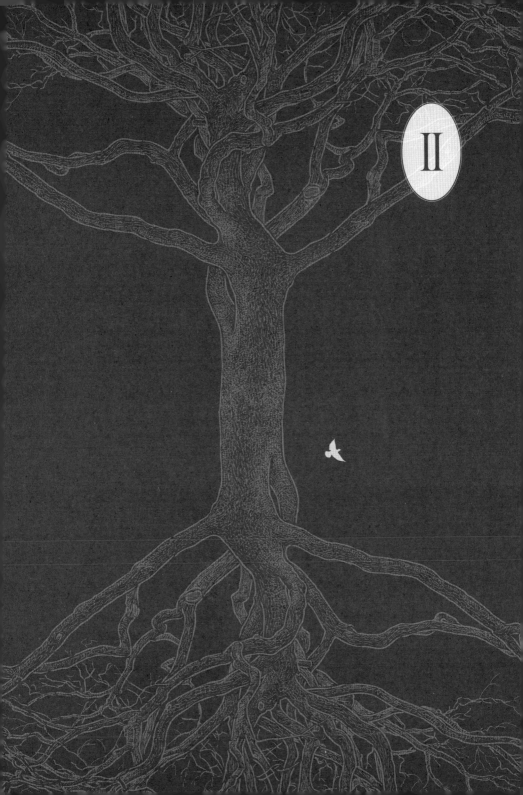

발효

**제 발로 찾아올 때까지
기다려라**

앞에서 든 예를 다시 한번 떠올려 보자. 졸업 논문을 쓰는 학생이 상담하러 온다. 아니, 그보다는 어떻게든 해달라고 매달리러 온다는 표현이 적절할 것이다.

졸업 논문으로 무엇을 쓰든 자유지만, 무엇을 써야 할지 모른다. 학생이 무엇을 써야 하는지 가르쳐 달라고 해서 이렇게 히리고 알려주면 반발한다. 그러고 싶지 않다고 투덜대면서도 마음대로 써보라고 하면 순간적으로 당황한다. 정말 아이러니하다.

해마다 저는 뭘 쓰면 좋을까요? 하고 찾아오는 학생들을 상대하다 보니 스스로 주제를 파악하는 방법 같은 것을 가르쳐야 겠다는 생각이 들었다. 논문 주제를 다른 사람이 정해 주면 내 논문이라고 할 수 없다. 어떻게 하면 스스로 주제를 정할 수 있을까?

그에 대해 큰맘 먹고 교실에서 학생들에게 이야기한 적이 있다. 그러다가 그런 짓을 하는 것이 민망해져서 그만뒀다. 여기서는 다시 한번 창피함을 무릅쓰고 자신만의 주제를 짜내는 방법을 소개한다. 일찍이 학생에게 말한 것도 이와 대동소이하다.

문학 연구라면 우선 작품을 읽는다. 평론이나 비평부터 시작하면 다른 사람의 선입견에 사로잡힌 채 작품을 보게 된다. 읽다 보면 감탄하는 부분, 위화감을 느끼는 부분, 이해하지 못하는 부분 등이 나온다. 이것을 모조리 적는다. 반복해서 마음에 와닿는 부분이 있다면, 그 부분은 중요하다. 알 수 없는 수수께끼 같은 부분이 자꾸만 나타나면 그것도 주의가 필요하다.

바로 이런 부분이 소재다. 단, 이것만으로는 어떻게 할 수가 없다. 맥주를 만드는 데 보리가 아무리 많아도 그것만으로는 맥주를 만들 수 없는 것과 마찬가지다.

여기에 작은 아이디어나 힌트가 필요하다. 그것은 작품 속에서 찾을 수는 없지만 특별히 어디에 있다고 정해져 있는 것도 아니다. 때로는 주간지를 읽다가 참고가 될 만한 소재를 발견하고, 다른 사람과 잡담하다가 생각지도 못한 힌트가 떠오르기도 한다. 독서, 텔레비전, 신문 등 어디에 어떤 재미있는 아이디어가 숨어 있는지 알 수 없다.

맥주를 만드는 것에 비유하면 이 힌트, 아이디어가 발효소다. 학생 중에 작품을 열심히만 읽고 있는 공부벌레가 있는데, 이래서는 아무리 시간이 지나도 주제를 만들 수 없다. 논문도 마찬가지다. 보리를 맥주로 변화시키는 계기가 되는 것을 첨가해야 한다. 이것은 재료인 보리와 같은 종류의 것이어서는 안 된다. 이질적인 데서 온 것이어야 한다.

위대한 발견이 때로는 영감에 의해 이루어지는 것처럼 전해 내려오는 이유도, 이 효소가 생각지도 못한 곳에서 얻어지는 과정을 제삼자가 경이롭게 바라보기 때문일 것이다. 재미있는 주제를 얻기 위해서는 힌트가 뛰어나야 하는데, 그것이 좀처럼 생각했던 곳에 굴러다니지 않아 고생한다. 아무리 고생해도 효소를 첨가하지 않으면 보리는 술이 되지 않는다.

그렇다면 아이디어와 소재만 있으면 바로 발효할 수 있느냐, 그래서 맥주를 만들 수 있느냐, 하면 그렇지 않다. 이것을 잠시 가만히 놔둘 필요가 있다. 다음 장에서 설명하겠지만, '재워야' 한다. 바로 여기서 물질과 효소의 화학 반응이 일어난다. 아무리 좋은 재료와 훌륭한 효소가 섞여 있다 해도 당장에 술이 되지는 않는다. 머릿속 양조장에서 시간을 들여야 한다. 너무 들썩거리지 말고 잠시 잊어버리는 것이다. '지켜보는 냄비는 끓지 않는다.'

여기서 한 가지 구체적인 사례를 들겠다. 십수 년 전에 내가 '이본론'이라는 개념에 대해 생각했을 때의 일이다.

셰익스피어 같은 세계적 대문호조차도 살아생전에 그렇게 추앙받은 것은 아니다. 죽은 직후부터 이미 위대하다고 여겨지고 있었지만, 신격화되지는 않았다. 그 뒤로 평가가 조금씩 나아지고 상승했지만 그래도 시대에 따라 약간의 부침은 있었다.

셰익스피어뿐만 아니다. 11세기 초 일본의 궁중 생활을 다룬 장편소설 『겐지 이야기』에서도 비슷한 일이 일어난다. 작품은 변하지 않는데 평가는 왜 달라지는 것일까? 이런 의문을 갖게 되었고, 이것이 바로 맥주의 보리라는 깨달음을 얻었다.

어느 날 비평가 윌리엄 엠프슨이 쓴 글을 발견했다. "해석이 분분한 문장이나 시가의 의미는 여러 가지 설 중의 하나가 아니라, 여러 설을 전부 포함한 것이다". 인간은 저마다 자신만의 해석을 만들어내려 하고, 만들지 않고는 견딜 수 없는 존재인 모양이다.

그와 거의 동시에 사람들이 유언비어를 퍼뜨리는 심리에도 관심을 두게 되었다. 나는 여기서도 사람들이 과장하지 않고는 이야기를 오른쪽에서 왼쪽으로 옮길 수 없는 본능을 가지고 있지 않을까 하는 생각을 하게 되었다.

이 두 가지가 힌트가 되었다. 2년이나 3년 정도 소재와 효소를 함께 내버려두면 인간은 항상 정본에 맞서는 이본을 만들려고 한다. A라는 책을 읽고 이해했다고 하자. 그 결과 A는 A가 아닌 A′, 즉 이본이 되었는데, 문학이 재미있는 것은 이 이본을 허용하기 때문이다. 법전을 소설처럼 재미있게 읽을 수 없는 것은 법률이 이본을 아주 조금밖에 허용하지 않기 때문이다(물론 법률도 해석을 놓고 논쟁이 있으므로 이본이 전혀 없는 것은 아니다).

그래서 『이본론』이란 에세이를 썼다. 그것은 나에게 하나의 맥주였다. 논문 주제 이야기를 맥주 제조에 비유해서 말하면 학생들이 꼭 묻는 말이 있다. 얼마나 재워둬야 발효가 되느냐는 것이다.

이런 발효는 일률적으로 이루어지지 않는다는 것이 맥주 제조와는 다른 점이다. 맥주는 일정 시간 재워두면 되지만, 머릿속 술을 빚는 것은 사람에 따라, 또 같은 인간이라도 경우에 따라 발효까지 걸리는 시간이 다르다.

하지만 이제 됐다. 발효가 시작되면 그냥 지나칠 일은 거의 없으니 안심해도 좋다. 자연스럽게 머릿속에서 움직이기 시작하는 것이다. 이따금 그 생각을 하면 가슴이 두근거리고 기분이 좋아지는데, 그러면 이미 술의 발효 작용이 나타난 것이다.

프랑스의 문호 발자크는 이렇게 발효된 주제에 대해 재미있는 말을 했다.

"무르익은 테마는 제 발로 찾아온다."

제 발로 찾아오니까 우리는 쉽사리 주제를 얻을 수 있다. 그래도 계획이라는 게 있으니 언제쯤 찾아오는지 미리 어림짐작이라도 하고 싶을 테다. 먼저 재료와 효소의 힌트를 혼합한 날짜를 메모로 적어 둔다. 그리고 주제가 떠오르기 시작한 날짜를 적는다. 두 날짜의 차이가 재우는 데 필요한 시간이다.

이런 일을 몇 번 반복하다 보면 어느 정도 재워야 발효가 진행되는지 알 수 있다. 논문을 쓸 때 그 스케줄에 맞춰 계획을 세울 수 있으면 매우 편리하지만 처음부터 기대하기는 어렵다. 역시 신의 가호를 비는 수밖에 없다.

재운다

**노력으로도
극복할 수 없다면**

19세기 영국 소설가 월터 스콧은 뛰어난 역사소설을 쓴 작가다. 스콧은 자면서 생각하는 타입이었던 모양이다. 귀찮은 문제가 생기면 어떻게 해야 하느냐는 질문을 받을 때마다 늘 이렇게 말했다.

"걱정하지 마. 내일 아침 7시면 다 해결될 테니까."

지금 여기서 설왕설래하기보다 하룻밤 자고 일어나면 자연스레 결론이 나리란 것을 그는 경험으로 알고 있었던 것이다. 아침의 머리를 신뢰하고 아침의 생각에 기대를 거는 것이다. 이는 스콧에게만 해당되는 말은 아닌 것 같다. 영어 속담 중에는 '하룻밤 자고 생각하라(sleep on)'는 말이 있다. 많은 사람이 아침에 떠오르는 생각이 좋다는 것을 알고 있었다.

가우스라는 위대한 수학자가 있었다. 그는 어떤 발견을 했다는 기록의 표지에 "1835년 1월 23일 아침 7시, 기상 직후에 발견"이라고 글을 썼다. '밤새 자면서' 혹은 '여러 밤을 자면서' 생각했던 것이 아침이 되어 춤을 추기 시작한 걸까. 헬름홀츠라는 위대한 과학자도 아침에 눈을 뜨자마자 멋진 생각이 떠올랐다고 말했다고 한다. 이런 예를 보면 발견은 아침을 좋아하는 것을 알 수 있다.

'삼상(三上)'이라는 말이 있다. 옛날 중국에 구양수라는 사람이 글을 지을 때 좋은 아이디어가 잘 떠오르는 세 곳으로 마상(馬上), 침상(枕上), 측상(厠上)을 말했는데, 이것이 바로 삼상이다. 각 단어에 들어가는 한자는 순서대로 '말 마', '베개 침', '뒷간 측'이다. 즉, 말 위(지금으로 말하자면 통근 전철 안), 잠자리 안, 화장실 안에서 좋은 생각이 떠오른다는 것이다. 여기에서 살펴볼 것은 침상이다.

침상은 보통 밤에 잠자리에 든 후의 시간으로 여긴다. 그러나 이것을 아침에 눈을 뜨고 일어날 때까지의 시간이라고 생각하면 스콧도, 가우스도, 헬름홀츠도 침상의 실천가였던 셈이다.

밤에 잠들기 전에 너무 심각한 생각을 하는 것은 좋지 않다. 잠드는 것을 방해하기 때문이다. 잠들려고 하면 오히려 여러 가지 생각이 머리에 떠오른다. 이런 때에는 묘안이 나오기 어렵다.

자기 전에는 너무 재미있는 책을 읽는 것도 생각해 볼 일이다. 자극이 꼬리를 물고 이어지는 바람에 마음이 들떠 잠이 잘 안 온다. 밤늦게까지 커피나 차를 마시면 안 된다는 것은 알면서도 흥분되는 책을 아무렇지도 않게 읽는 사람이 있다. 가능한 한 머리를 어지럽히지 말고 아침을 기다려야 한다.

나는 침상도 밤에 한정지을 게 아니라 '아침의 침상'까지 포함해야 한다고 생각한다. 우리 대부분이 아침의 한때를 활용하지 않는 건 아닐까. 적어도 생각을 하려면 눈을 뜨고 잠자리에서 일어나기 전까지, 그 사이의 시간을 신성한 생각을 하는 데 집중해야 한다. 그러기 위해서는 씨앗이 필요하다. 멍하니 있으면 아무것도 만들어낼 수 없다. 생각거리가 있어야 착상이 떠오른다.

왜 하룻밤을 자고 나야 좋은 생각이 떠오르는지는 잘 모르겠다. 아무래도 문제에서 답이 나오기까지 시간이 걸리는 것 같다. 그사이에 계속 생각하는 것은 오히려 좋지 않다. 한동안 가만히 내버려두면 생각이 응고된다. 즉, 자는 시간이 생각을 응고시키기에 적당하다는 뜻이다.

아침부터 밤까지 계속 생각했다고 입버릇처럼 말하는 사람도 있다. 얼핏 깊이 생각한 것 같지만, 실은 제대로 된 견해를 갖지 못하는 경우가 많다. 큰 그림을 놓치고 지엽적인 것에 매달려 혼란에 빠질 수도 있다.

앞에서도 말했지만 외국에는 '지켜보는 냄비는 끓지 않는다'라는 속담이 있다. 빨리 익으라면서 끊임없이 냄비 뚜껑을 열어버리면 아무리 시간이 지나도 익지 않는다. 너무 조심조심하면 오히려 결과가 좋지 않은 법이다. 한동안은 내버려두기도 해야 한다.

사고할 때도 같다. 너무 골똘히 생각하면 문제가 더 깊어져서 싹을 틔울 수도 없다. 하룻밤을 자고 나야 냄비 속이 적당히 끓는다. 침상의 묘수는 바로 여기에 있다.

사안에 따라서는 하룻밤 사이에 짧게 끝나버릴 수도 있지만 큰 문제라면 오랜 시간 재워두어야 해결되기도 한다. 생각해 내고 바로 답이 나오는 것은 그다지 큰 문제가 아니다. 정말로 큰 문제는 오랫동안 마음속에 품고 있지 않으면 구체적 모습을 갖추지 못한다.

월트 로스토는 미국의 경제학자이자 케네디 대통령의 경제 고문으로 세계적으로 알려진 사람이다. 그의 『경제신장론』은 획기적인 학설로서 높이 평가되었다. 서문을 읽어보니 "이 문제에 처음으로 관심을 가진 것은 하버드의 학생으로 있었을 때"라고 쓰여 있다. 바빠서 정리가 늦었다는 뜻이 아니다. 그는 문제를 마음속에서 언제나 따뜻하게 품고 있었고, 그것이 마침내 알에서 깨어난 것이다. 이처럼 큰 문제는 병아리로 변하기까지 오랜 세월이 걸리기도 한다.

로스토도 이 한 가지 이론에만 몰두하지는 않았을 것이다. 다른 이론도 물론 고민했을 것이다. 게으름을 피운 게 아니라 시간을 준 것이다. 이것이 '지켜보는 냄비'였다면 의외로 도중에 흥미를 잃었을지도 모른다.

요즘은 드물어졌으나 옛날에는 한 가지 특수한 문제를 열심히 연구하는 독학파가 많았다. 한눈팔지 않고 한 가지 일에 몰두하는 연구자는 정도를 걷고 있는 것처럼 보이지만, 노력에 비해 효과가 없는 경우가 종종 있다.

역시 냄비를 너무 뚫어져라 쳐다보기 때문일 것이다. 냄비도 끓어오를 수 있게 자유로운 시간을 주어야 한다. 생각을 정리하는 방법으로 재우는 것만큼 중요한 것은 없다. 생각을 만들어내기 위해서는 재우는 것이 필수적이다.

작가에게 가장 좋은 소재는 어린 시절의 경험이라고 한다. 어린 시절을 바탕으로 쓴 유년기 이야기, 소년기 이야기 등의 작품이 뛰어나지 않은 작가는 평범하다고 해도 좋다. 왜 작가의 유년기, 소년 이야기에 뛰어난 것이 많을까? 소재가 충분히 잠들어 있었기 때문이다. 쓸데없는 것은 세월의 흐름에 씻겨 풍화되고 결정체만 남아 있는다.

오랫동안 마음속에 품고 있던 것에는 신비한 힘이 있다. 잠들어 있던 주제는 눈을 뜨면 엄청난 활동을 한다. 무슨 일이든 무턱대고 서둘러서는 안 된다. 인간에게는 의지만으로는 안 되는 게 있다. 자연 속에서, 의식을 초월한 곳에서 쉬게 해줘야 한다. 노력하면 어떤 일이든 성취할 수 있다고 생각하는 것은 자만이다. 노력해도 안 되는 일이 있다. 그럴 때는 시간을 들이는 수밖에 없다. 행운은 자면서 기다리는 것이 현명하다.

때로는 하룻밤 사이에 뚝딱 만들어지기도 하고 수십 년 동안 잠들어 있다가 비로소 모습을 갖추기도 한다. 어쨌거나 우리는 이런 무의식의 시간을 활용하여 생각을 만들어내는 일에 더 관심을 가져야 한다.

칵테일

**포괄적이면서도
독창적인 것**

머릿속에서 술을 빚으려면 어떻게 해야 하는지는 이미 말했다. 거기서 생겨나는 것이 온전한 자신의 생각이다. 적어도 다른 사람이 섞인 흔적은 남아 있지 않다. 독창적이다. 이런 생각이나 착상을 하게 되면 아무래도 독선적으로 변하는 것 같다. 다른 생각이 죄다 형편없는 것, 잘못된 것으로 느껴진다.

미국의 작가 윌라 캐더는 "한 명은 너무 많다. 한 명은 모든 것을 앗아간다"라고 했다. 여기서 '한 명'이란 연인을 말한다. 상대가 한 사람밖에 없으면 다른 것이 눈에 들어오지 않아서 모든 질서를 무너뜨린다는 말이다. 착상과 사고에 대해서도 비슷한 말을 할 수 있다. "하나만으로는 너무 많다. 하나는 모든 것을 앗아간다."

한 우물을 판다는 말이 있다. 그야말로 순수하다. 겉으로 보기에도 아름다운 삶의 방식이지만 반드시 풍요로운 결실을 약속한다고는 할 수 없다. 몇 개의 줄기와 각각의 관계를 지니고 살아가야만 이윽고 그물이 죄어들고 필생의 사업을 찾는 수확기를 맞이할 수 있다.

내가 논문을 쓰려고 하는 학생에게 자주 하는 말이 있다.

"한 가지 주제로 시작하기에는 너무 많다. 적어도 두 개, 가능하면 세 개로 시작하는 게 좋다."

듣는 쪽에서는 왜 하나만으로는 '너무 많다'고 하는지 감이 오지 않겠지만, 때가 오면 알게 된다. 모를 때는 아무리 설명해봤자 소용없다.

주제가 하나인 논문은 지켜보는 냄비와 같다. 그 주제로 잘 써지지 않으면 다음이 없다. 그래서 집착하게 되고 이상한 곳에 힘을 주게 된다. 머리가 휙휙 잘 돌아가지 않는다.

만일 이 주제가 별로여도 대안이 있다고 생각하면 마음이 편안해진다. 주제끼리 경쟁시키고 가장 발전 가능성이 높은 주제를 정하면 된다. 어떤 것이 좋을지 생각하다 보면 주제 쪽에서 먼저 다가온다. '하나만으로는 너무 많다'는 바로 그런 뜻이다.

자신만을 특별하게 여기는 것은 자만이다. 뛰어난 것은 얼마든지 있다. 작은 독창성에만 매달려 이를 우주로 착각하고 선인들의 업적을 무시하는 우를 범해서는 안 된다. 생각하는 사람은 자신감을 가지면서도 어디까지나 겸허해야 한다.

지금까지 알려준 양조법을 통해 자신의 생각을 만들어냈다고 가정해 보자. 이 생각을 그대로 유지할 수도 있지만, 지금까지 비슷한 생각을 한 사람이 없었는지 한번 살펴봐야 한다. 비슷하거나 같은 종류의 술이 우연히도 이미 존재한다면, 나중에 나온 술이 아무리 독창적이라 큰소리쳐도 객관적인 발견이라고 할 수 없다. 우선권(priority)이 중요하기 때문이다. 지금까지 그런 생각을 전혀 하지 못했던 경우는 극히 드물다.

예를 들어 어떤 연구자가 여성을 묘사하는 방식에 대해 독자적인 견해를 갖고 있다고 하자. 자신의 생각이 정리되고 그것이 독창적이라고 확신하면 관련된 선행 연구가 있는지 검토한다. 여기서는 A, B, C, D의 네 가지 가설이 이미 존재한다고 가정해 보자. 그리고 본인이 생각해 낸 X는 이들 중 어느 것과도 다르지만, 굳이 말하자면 B설에 가깝다고 가정하자.

여기서 가장 매혹적인 방법은 B를 인용하면서 A, C, D를 부정하고 자설 X를 전개하는 방법이다. A, C, D를 뒤섞으면 X의

자취가 희미해질 우려가 있다.

정반대의 방법도 있다. '여성을 묘사하는 방법'이란 제목만 보는 방법이다. 그걸 주제라고 자신을 설득하고, A부터 D까지 선행 연구를 찾아낸다. 그리고 이것만을 토대로 논문을 완성한다. 여기서는 자신의 토속주 X를 만들지 않고 남의 술로 승부한다. A, B, C, D를 섞으면 얼핏 칵테일처럼 보일 수도 있지만, 이건 칵테일이라기보다 그냥 엉터리 짬뽕술에 가깝다. 이런 바텐더가 진짜 칵테일을 만들 수 있을 리 없다.

지금까지 인문계열 학문에서 이런 짬뽕술 같은 논문이 얼마나 많았는가. 입이 험한 어떤 사람은 '각주에서 논문을 만들어 간다'고 했다. 먼저 섞은 술을 사고, 거기서 각각 쓸 만한 부분을 추출한다. 이는 입론의 중심이 되므로 먼저 정리하고 논문 자체는 거기에 적당히 살을 붙여서 완성하는 것이다.

여러 학설을 집대성해 잘 정리해 놓으면 후대 사람에게 도움이 된다. 그러나 이것을 논문이라고 부르기에는 문제가 있다. 연구사라고 할 만한 것은 기껏해야 계몽적인 의의밖에 없다. 그런데 이를 학문적으로 가치가 높은 양 오해한다. 무턱대고 자료를 뒤지고 묻혀 있는 것을 발굴하는 작업을 보람으로 여기는 왜곡된 문헌적 연구인 것이다.

사유하고 새로운 사고를 만들어낸다는 것의 첫 번째 조건은 어디까지나 독창적이어야 한다. 자신의 머리로 생각해 낸, 타의 추종을 불허하는(적어도 본인이 자부하는) 착상이 필요하다. 다만 그 착상을 여기저기 떠들고 다니면 설득력이 없다. 모처럼 떠올린 아이디어도 독단적인 신념으로만 보인다.

그래서 앞에서 말한 것처럼 여러 가지 설을 대조해 본다. A, B, C, D 중에서 B가 X에 가장 가깝다고 해서 XB라는 이론을 만들어낸다 한들 아전인수란 느낌을 지울 수 없다. A도, C도, D도 각각 적당히 참조하면서 새로운 조화를 생각해야 한다. 이에 따라 독창성은 가느다란 선이 아니라 통통한 줄기가 된다.

훈고학이란 학문이 있다. 유학의 경전을 문자와 어구의 의미를 해석하는 데 목적을 둔 학문이다. 고전 중에 난해하다고 꼽히는 부분에는 수많은 이설이 생겨난다. 그러한 이설에 주석을 단 문집도 있다.

훈고학자는 여러 설이 분분한 난해한 부분에, 자기 설과 가장 가까운 설을 하나 취합하여 이를 정설화하려 했다. 그렇게 자신의 학설이 없을 때는 그냥 호감 가는 설을 고르고, 나머지는 기각하거나 부정하는 것이 일반적이었다.

그런데 지금은 이런 이론들이 모두 필연성을 가지고 생겨난 것으로 해석한다. 완전히 부정하는 것은 합당치 않다. 모든 것을 포괄하는 관점에 서야 한다는 새로운 견해가 나타난 것이다.

앞서 말한 윌리엄 엠프슨이 그러하다. 셰익스피어의 『햄릿』에 나오는 독백 "사느냐 죽느냐 그것이 문제로다"라는 대사에도 예로부터 수많은 해석이 쏟아졌다. 그는 그중 어느 것이 옳은지가 중요한 게 아니라 그 모든 것을 포괄한 세계가 이 대사의 의미라고 했다.

생각과 착상도 마찬가지다. 같은 문제에 대해 A에서 D까지의 설이 있다. 자신이 새롭게 X설을 얻었다고 해서 이것만을 귀하게 여기고 다른 것은 모두 무시해 버리면 만용으로 타락하기 쉽다. X에 가장 가까운 B만을 긍정하려는 것도 여전히 아전인수 격의 원한을 살 수 있다. A에서 D는 물론, X까지를 모두 인정하고 이를 조화롭게 절충해야 한다.

이렇게 써야 진짜 칵테일 논문이 완성된다. 훌륭한 학술 논문은 사람을 취하게 하면서도 독단에 빠지지 않는 견실함을 가지고 있다.

에디터십

**어떤 순서로
묶을 것인가**

소설가가 몇 개의 단편을 모아 단편집을 엮는 경우가 있다. 소설이 아니더라도 여기저기에 쓴 에세이 등을 묶어 책으로 출판하는 일도 종종 있다.

영국의 시인이자 비평가 토마스 엘리엇은 20세기에 가장 유명한 문학가 중 한 사람이지만, 평생 단 한 권도 책을 쓰지 않았다고 한다. 물론 그의 이름을 딴 책은 많이 있다. 발표한 문장들을 모아 놓은 책은 있지만 책을 목적으로 글을 쓰지 않았다는 뜻이다.

이런 편찬물에서는 흥미로운 일이 일어난다. 문장이나 작품 하나하나는 그다지 뛰어나지는 않지만 한데 모아 놓으면 몰라보게 훌륭해지는 것이다. 그런가 하면 단독으로 읽었을 때는 눈이 휘둥그레졌던 글들이 한데 모아져 책의 일부로 다시 읽었을 때 전혀 감탄스럽지 않은 경우도 있다. 전체는 부분의 총합이 아니라는 말이 떠오르는 경우다.

독립적인 작품이 더 큰 전체의 일부가 되면 성격이 달라진다. 또 앞뒤로 어떤 것이 나열되어 있느냐에 따라 그 느낌이 크게 달라진다. 구성 요소가 같다고 어떻게 배열하든 큰 차이가 없다고 생각하는 사람은 편찬본을 만들 자격이 없다.

편집을 잘하면 부분의 총합보다 훨씬 재미있는 전체 효과를 낼 수 있고, 각 부분도 각각 단독으로 표현되었을 때보다 훨씬 더 멋져 보인다. 이런 편집의 비밀은 틀림없이 아주 오래전에 이미 발견되었을 것이다.

일본의 『겐지 이야기』, 유럽의 『데카메론』, 『캔터베리 이야기』, 『천일야화』 등이 그 예다. 이른바 '액자식 이야기'로, 단편 몇 편을 연결된 액자에 넣어 장대한 작품으로 만들었다. 이 경우 각각의 이야기가 작가의 창작일 필요는 없다. 창작일 수도 있지만, 유포되고 있는 이야기를 빌려와도 전혀 지장이 없다.

작가의 솜씨는 무엇을 어떤 배열로 배열하느냐에 달려 있기 때문이다. 창조적 재능은 오히려 편집에 쏠렸다. 아무리 개별적 이야기가 잘 쓰여 있어도 그것이 독자의 지루함을 자아내게 배열되어 있다면 장편으로 이야기를 엮어낸 것은 허사로 끝나고 만다.

편집자는 직접 원고를 쓰지 않는다. 써도 되지만 편집자는 글을 쓸 수 있는지 없는지로 평가받지 않는다. 다른 사람이 쓴 글을 어떻게 정리할 것인가, 또 그러기 위해 누구에게 무엇을 쓰게 할 것인가 하는 창조성에 목숨을 건다.

원고를 쓰는 것을 1차적 창조라고 한다면 원고를 새롭고 더 큰 전체로 정리하는 것은 2차적 창조라 할 수 있다. 각 파트를 연주하는 것을 1차적이라고 한다면, 심포니를 만들어내는 지휘자의 활동은 2차적이다. 2차적 활동이 1차적 활동에 뒤떨어지지 않는다는 것은 프로야구 감독, 패션디자이너, 영화감독, 방송국 PD 등의 역할만 봐도 분명하다.

2차적 창조의 가치를 인정받으려면 어느 정도 성숙한 사회가 전제되어야 한다. 그렇다면 『겐지 이야기』나 『데카메론』의 시대를 고리타분하다고 말하며 가볍게 여길 수 없을 것이다.

첫 번째 창조는 크리에이션(creation)이다. 또 이를 가공해 새로운 가치로 승화시키는 것을 메타크리에이션(meta creation)이라고 한다. 사고에 대해서도 이러한 창조와 메타창조가 존재한다. 칵

57

테일 형태의 논문은 메타창조에 의한 것이다. 번쩍 떠오른 생각이나 착상은 1차적이다. 그것만으로도 독립적으로 의미가 있을 수 있으므로 쓸데없는 것을 섞지 않는 편이 좋다. 반면 혼자서는 그다지 힘이 없을 것 같은 착상도 있다. 그냥 놔두면 그저 착상 몇 개가 흩어져 있을 뿐이다.

자신의 착상이 아니어도 좋다. 재미있다고 생각해서 주의 깊게 모은 지식이나 생각이 몇 가지 있다고 하자. 이것을 그대로 노트에 재워두면 아무리 많은 것을 알고 있어도 그 사람은 그저 박식한 사람에 지나지 않는다.

'지적 에디터십', 다시 말해 머릿속에서 칵테일을 만드는 데는 자신이 얼마나 독창적인지 그리 중요하지 않다. 자신이 가진 지식을 어떤 조합으로, 어떤 순서로 나열하느냐가 중요하다.

여기저기 쓴 것을 모아서 책으로 만들고 단편소설을 모아 단편집을 만드는 것은 지극히 일반적인 일인데, 사람들이 이 방법을 충분히 소화하지 못하는 건 참 이상한 일이다. 기존의 지식을 편집하여 새로운, 지금까지와는 전혀 다른 가치가 있는 것으로 만드는 것이 '지적 에디터십' 기법이다.

예를 들어 A, B, C, D, E라는 다섯 가지 문제가 있다고 하자. 각각은 이미 인정된 생각이며, 그대로 두면 다섯 가지가 병존하게 된다. 이를 종합하려면 어떻게 해야 할까?

그것들을 합치기만 한다고 되는 것이 아니다. 어떤 순서로 할 것인가, 그것이 우선적으로 해결해야 할 문제다. ABCDE 순서로는 전혀 재미없는 것이 EDCBA로 하면 재미있게 바뀌는 경우가 있다. ECDAB로 하면 또 다른 관점을 갖게 될 것이다. 가장 좋은 순서로 정렬했을 때 가장 큰 의미를 만들어낸다.

한 시인이 말했다. "시는 가장 좋은 말을 가장 좋은 순서로 나열한 것이다". 시는 이렇게 언어의 편집을 통해 만들어진다.

다음은 유명한 시인 학자가 말한 창조 방법이다. 가장 먼저 뭔가를 생각한다. 그리고 머릿속에 떠오르는 모든 것을 하나하나 카드에 받아 적는다. 카드가 많이 만들어지면 이를 카드놀이 하듯 재미있어 보이는 순서대로 나열한다.

그렇게 해서 순서가 정해지면 다시 검토한다. 마음에 들지 않으면 카드를 다시 섞는다. 마음에 들 때까지 몇 번이고 반복하다가 만족하는 순열이 생기면 카드를 철하거나 커다란 하드보드지에 순서대로 붙인다.

이것이 착상의 에디터십이다. 사람을 취하게 하는 힘을 가진 재미있는 표현은 이렇게 생겨나는 것이다. 이렇게 명확한 방식으로 조합을 생각하는 경우는 드물지만, 많은 사람이 머릿속에서 비슷한 일을 하고 있다. 맛있는 칵테일을 만들기 위해서는 절묘한 조합을 만들어내는 감각이 필요하다. 요리도 마찬가지다.

일반적으로 평범한 것끼리 묶어 새로운 것이 되기는 어렵다. 언뜻 보기에는 도저히 함께할 수 없는 이질적인 사고를 결합하면 기상천외한 사고가 탄생하기도 한다. 번뜩이는 아이디어를 잇달아 내놓는 사람의 머릿속은 지적 에디터십이 활발한 경우가 많다.

촉매

**개성이 없는 것이
가장 개성적인 것이다**

일반적으로 시가 등의 창작은 개성의 표현이라고 생각된다. 20세기에 이르러 이에 이의를 제기한 사람은 앞서 언급한 토마스 엘리엇이다.

엘리엇은 『전통과 개인의 재능』에서 시인은 항상 자신을 더 가치 있는 것에 복종시켜야 한다고 말했다. 예술의 발달은 부단한 자기희생이며, 부단한 개성의 소멸이다. 예술이란 탈개성화 과정일 뿐이다. 그런 말을 하고 나서 엘리엇은 유명한 비유를 꺼냈다.

"시를 창조할 때 일어나는 일은 산소와 이산화황(아황산가스)이 있는 곳에 백금 필라멘트를 넣었을 때 일어나는 화학 반응과 비슷하다".

훗날 이 화학적 지식은 정확하지 않은 것으로 밝혀졌지만, 그것과는 별개로 중요한 것이 바로 '촉매 반응'이다. 여기서 어떤 비유가 성립하는 것일까?

엘리엇은 촉매제인 백금이 화합 전후로 증감, 변화가 전혀 없는 것이 '시인의 개성이 발휘하는 역할'과 통하는 부분이 있다고 생각했다. 시인은 '자신의 감정을 시로 표현해야 한다', '개성을 표현해야 한다'는 상식에 맞서서 자신을 드러내서는 안 되고, 개성을 탈피해야 한다고 했다. 그렇다면 개성의 역할은 무엇인가? 이 물음에 답하기 위해 촉매라는 개념을 등장시켰다.

산소와 이산화황을 함께 넣는 것만으로는 화학 반응이 일어나지 않는다. 거기에 백금을 넣어야 화학 반응이 일어나는데, 그 결과로 나온 화합물 안에는 백금이 들어 있지 않다. 백금은 완전히 중립적으로 화합에 참가해 화학 반응을 일으켰을 뿐이다.

시인의 개성도 백금과 같아야지, 그 자체를 표현해서는 안 된다. 개성이 첨가되지 않으면 결코 화합하지 않았을 것을 화합시킨다는 점에서 '개성적'일 수 있다. 이것은 그전까지의 예술적 창조 개념에 일침을 날리게 되면서 엘리엇의 '개인적 이론(몰개성설)'으로 일컬어지며 유명해졌다.

서양에서는 이런 사고방식이 참신했지만, 동양의 문예에서는 그리 드문 일이 아니다. 특히 일본의 시는 주관적인 삶의 표출을 싫어하여 상징적, 혹은 비유적으로 심리를 표출하는 방법을 세련되게 만들었다. 그 단적인 예가 하이쿠다(하이쿠는 5·7·5의 3구, 17자로 된 일본의 정형시로 자연과 계절, 그리고 삶을 담아낸다).

하이쿠에서는 주관이 화조풍월과 같은 자연의 경치를 통해 간접적으로만 드러난다. 자연사상의 결합은 시인의 주관이 개입해야만 이루어지지만, 주관이 표면으로 티 나게 드러나는 작품은 격이 낮다고 보았다.

진정으로 훌륭한 시는 시인의 주관이 수동적으로 작용하여 다양한 소재가 자연스럽게 연결될 수 있는 장을 제공하는 것이다. 언뜻 보면 몰개성적으로 보일 것 같은 이런 작품에서야말로 커다란 개성이 살아난다.

앞서 언급한 에디터십에서도 비슷한 현상을 볼 수 있다. 에디터십은 자신의 개성이나 재능을 종횡으로 발휘하여 화려한 지면을 만들어내는 것이 아니다. 오히려 자신의 취향을 죽이고, 집필자와 독자의 화합이 성립하는 데 필요한 매개자로서 중립적으로 기능한다. 여기서 제2의 창조란 촉매적 창조를 말한다.

하이쿠와 에디터십이 생각보다 가까운 관계에 있다는 점도 홍미롭고, 또 이것이 서양이 20세기에 이르러서야 발견한 시의 몰개성설과 흡사하다는 점도 재미있다.

생각할 때 촉매 이론은 매우 유용하다. 새로운 것을 생각할 때 모든 것을 자기 머리에서 짜낼 수 있다고 생각하지 않으면 된다. 무에서 유를 창조하는 사고는 거의 일어나지 않으며, 이미 존재하는 것을 결합함으로써 새로운 것이 탄생한다.

훌륭한 촉매라면 굳이 연결하려 하지 않아도 자연스럽게 기존의 것들이 합쳐진다. 언뜻 보면 영감처럼 보일지도 모른다. 하지만 아무것도 없는 곳에서 영감을 얻을 수는 없다. 이미 다양한 지식과 경험과 감정이 존재하고, 거기에 한 사람의 개성이 들어가는 것이다. 그러면 지식과 지식, 혹은 감정과 감정이 결합하여 새로운 지식, 새로운 감정을 만들어낸다.

사람들은 무심해지는 것을 두려워한다. 한 수학자가 오랫동안 하나의 문제에 몰두해 있었는데, 그 문제를 도저히 풀지 못하고 있었다. 그런데 어느 날, 꾸벅꾸벅 졸다가 눈을 떠보니 갑자기 수수께끼가 풀렸다고 한다. 의지력이 약해졌을 때 비로소 그때까지 분리되어 있던 생각들이 결합된 것이다.

생각할 때 너무 긴장해서는 안 된다. 초조해하는 것도 현명하지 못하다. 오히려 느긋하게 마음먹고 자유롭게 놔둬야 재미있는 생각이 쉽게 떠오른다. 앞서 말한 몰개성적인 게 좋다는 것과 같은 의미다.

앞에서 사고할 때의 칵테일 제조법을 소개했는데, 훌륭한 칵테일을 만들려면 바텐더의 주관과 개성이 전면에 드러나는 것은 바람직하지 않다. 작은 자아를 억누르고, 좋은 것과 좋은 것을 쉽게 연결해야 비로소 훌륭한 칵테일이 완성된다.

이 방법을 즐겨 쓰는 학자가 주관적인 관점을 경계하는 건 당연한 일이다. 주관이 강해지면 학자의 정신은 촉매제가 아니라 화합의 재료가 된다. 그러면 창작 활동이 되는데, 학문에 종사하는 사람들은 그렇게 되는 걸 두려워한다. 엘리엇처럼 자기만의 독특한 방식으로 작품을 만들고 싶어 하는 사람들도 머릿속에서 새로운 걸 만들어내기 위해서는 창작이든 지적 발견이든, 자아가 억제되어야 한다는 걸 이해할 수 있을 것이다.

요즘 들어 '발상'이라는 말이 자주 쓰인다. '발상이 재미있다', '재미없다'는 식으로 말한다. 발상의 뿌리는 개성이다. 그 자체가 재미있거나 재미없는 게 아니라, 그것과 연결된 지식과 사건에서 생겨나는 것이 재미있거나 재미없는 것이다. 발상의 모체는 촉매로서의 개성이다.

발상은 잘 알려지고 진부한 소재를 다룬다 해도 무방하다. 그런 흔한 소재가 생각지도 못한 결합, 화합을 일으켜 새로운 사고를 낳는다. 발상의 묘는 거기에 있다. 발상을 대단히 문제시하면서도 그 모체와 작용에 대해서는 생각하지 않는 것은 참 이상한 일이다. 발상의 재미는 화합물을 만드는 것이지 원소를 만드는 게 아니다.

앞에서 발효법에 관해 설명했다. 언뜻 보면 아무것도 없는 '무'에서 사고와 발견이라는 '술'을 얻어낼 수 있을 것처럼 보인다. 하지만 촉매에 대해 깊이 생각해 보면 발효법도 칵테일법과 크게 다르지 않은, 새로운 결합으로 생긴 효과임을 알게 된다.

재워두고 잊어버리는 시간을 만드는 것도 주관이나 개성을 억누르고 머릿속에서 자유로운 화합이 일어나는 상태를 준비하는 것이다. 생각할 때 가장 좋은 건 무심한 경계다. 하룻밤 자고 생각하는 것은 결코 시간을 끄는 행위가 아니라는 것을 알 수 있다.

아날로지

미지의 문제를
해결하는 법

어느 날, 묘한 것이 신경 쓰이기 시작했다. 말은 정지되어 있는데 글을 읽으면 의미에 흐름이 생긴다. 독립된 낱말과 낱말이 나열되어 있을 뿐인데 하나의 문장으로 다가오는 것이다. 그 이유가 뭘까 궁금해졌다.

움직임이 느껴지는 이유는 눈으로 훑어보기 때문이라는 것을 금세 알 수 있었다. 하지만 끊어진 낱말이 어떻게 연속되는 의미가 되는지는 알 수 없어 언제까지나 의문으로 남았다.

영어처럼 한 단어 한 단어가 분리되어 쓰여 있을 때는 끊어진

부분이 더욱 선명하게 드러나지만, 우리 머릿속에 스며드는 것은 역시 연속된 단어들이다. 그 틈새는 어느새 사라지고 없었다. 왜 그럴까? 나는 이 의문을 한동안 재워 놓았다.

어느 날 버스에서 내려 교외의 거리를 걷기 시작했다. 주위에 보리가 파릇파릇하게 익어가던 광경이 선명하게 기억난다. 바람을 타고 여섯 줄의 거문고 가락이 들려왔고, 그때 문득 지금까지 알지 못했던 것에 대한 실마리를 얻었다. 이것이 앞에서 말한 힌트이자 촉매다.

거문고 소리는 뚝뚝 끊어졌으나 떨어져서 들으면 마치 연속적인 소리처럼 들렸다. 앞소리가 다음 소리에 덮여 끊어진 곳을 메우기 때문일 것이다. 말도 마찬가지 아닌가? 하고 생각했다.

끊어진 단위의 단어들이 왜 연속적으로 이어진 것처럼 느껴지는가, 하는 의문을 떠올린 건 거문고의 끊어진 소리가 연속적으로 들리는 현상 덕분이었다. 그게 힌트가 됐다. 이 둘을 하나로 묶어서 공책에 옮겨 적고 또다시 재워두었다. 시간이 얼마나 흘렀는지는 정확히 기억나지 않지만 마침내 해결의 실마리가 떠올랐다. 관성의 법칙을 생각해 낸 것이다.

움직이는 물체는 운동을 계속하려는 경향이 있다. 이는 운동하는 물체를 갑자기 정지시켰을 때 확실해진다. 놀이기구에 타고 있는 사람은 놀이기구가 급정거하면 장기판 위에 놓인 말처럼 속절없이 쓰러진다. 인체도 관성 법칙의 지배를 받고 있기 때문이다. 이 법칙은 물리학의 세계에서 일어나는 것이지만, 생리학 차원에서도 같은 것을 볼 수 있다.

사물을 보던 눈은 대상이 사라진 후에도 한동안 그것을 계속 보고 있는 것처럼 착각한다. 잔상 작용이다. 이런 시각의 관성을 이용한 것이 영화다. 영화는 정지한 필름들을 연속 영사하여 움직임을 느끼게 한다. 컷과 컷 사이에는 아무것도 찍히지 않은 공백이 있지만, 영화를 보는 사람은 화면이 하얗게 변하는 순간이 있다는 걸 의식하지 못한다. 앞에 나온 화면의 잔상이 그 공백을 메워주기 때문이다.

물리학, 생리학에서 비슷한 법칙이 인정된다면 심리의 영역에서도 비슷한 일이 일어났다고 상상하는 것이 타당하다. 그렇게 생각하다 보면 심리적 잔상이라는 현상이 있다는 것을 깨닫게 된다.

A, B, C라는 일이 서로 관련되어 있고, 이 일들이 일정한 간격을 두고 일어났다고 하자. 처음에는 별개의 세 가지 사건으로 느껴지지만, 이윽고 사건과 사건 사이에 있던 시간이 사라지고 이어져서 마치 같은 일이 연달아 일어난 것처럼 느껴진다. A의 잔상이 B에 겹치고 B의 잔상이 C에 영향을 미쳐서 각각의 점이었던 세 가지 현상이 선처럼 보이게 된다.

언어의 비연속적인 연속성은 이 중에서도 생리적인 잔상에 기초한 영화와 유사한 점이 가장 많은 것 같다. 단어 하나하나는 영화의 한 컷 한 컷에 해당한다. 단어와 단어 사이의 틈, 공백은 그 앞의 단어가 만들어내는 잔재에 의해 채워져 의식되지 않는다. 필름을 영사하면 영상이 끊어지지 않고 계속 보이는 것과 같은 이치다.

하지만 한 가지 주의해야 할 점이 있다. 관성이나 잔상이 영원히 지속되지는 않는다는 점이다. 얼마간 시간이 지나면 소멸한다. 느리게 움직이는 물체에 대해서는 관성이 불분명하다. 영화 필름도 아주 느리게 영사하면 화면이 깜빡이면서 빈 화면이 스크린 위에 하얗게 나타나 연속감이 무너진다.

언어에서도 흐름과 움직임을 느끼려면 어느 정도는 속도를 내서 읽어야 한다. 난해한 문장이나 사전을 곁에 두고 봐야 하는 외국어 등을 읽을 때는 글이 부분 부분 쪼개져 있어 의미를 파악하기 어렵다. 잔상이 사라져 틈을 메울 수 없는 것이다. 이해하기 어려운 부분을 과감하게 빨리 읽어보면 의외로 잘 이해할 수도 있다. 잔상이 살아 있어 부분이 전체적으로 통합되기 쉽기 때문이다.

이렇게 해서 문장 속의 말과 말이 떨어져 있으면서도 이어지는 이유가 잔상의 작용이라는 것을 깨달았고, 나의 오랜 의문은 단번에 해결되었다. 문장의 비연속적인 연속을 떠받치고 있는 이 잔상 작용을 '수사적 잔상'이라고 이름 지었다. 문장상에서 일어나는 잔상이라는 뜻이다. 수사적 잔상이라는 생각의 탄생 과정을 이처럼 상세하게 말한 이유는 착상을 얻는 구체적인 예가 되지 않을까 생각했기 때문이다.

여기서 볼 수 있는 것이 바로 '아날로지(analogy)'다. 서로 비슷한 점을 비교하여 하나의 사물로 다른 사물을 추리하는 철학적 추론을 말한다. 문장의 비연속적 연속이라는 수수께끼를 영화 필름 영사라는 유사한 현상으로 설명하려 한 것을 가리킨다. 둘 사이에 엄밀한 유사성이 있는 건 아니지만, 그래도 아직 풀리지 않은 미지의 문제를 해결할 때 아날로지 방법은 매우 유효하다.

'아날로지'라는 단어만 보면 어려운 개념인 것 같지만 중학교 수학을 배웠다면 누구나 할 수 있는 방법이다. 궁금한 것, X가 있다고 하자. 그때의 주제가 C라면 아래와 같이 표기한다.

$$C : X$$

이것만으로는 X를 풀 수 없다. 이와 같은 관계가 있는 것으로 보이는 것을 찾아낸다.

$$A : B$$

이 둘의 상호 관계가 같다고 하면 아래와 같은 식이 된다.

$$A : B = C : X$$

이제 중학교에서 배운 비례를 이용해 X의 값을 구한다.

$$AX = BC \qquad \therefore \; X = \frac{BC}{A}$$

앞의 예를 여기에 대입해 보자. 문장 속의 말이 끊어져 있는데 의미가 연결되고 움직임이 느껴지는 이유는 무엇일까? 이에 대한 답은 이것이다.

$$C : X$$

이것이 필름을 영화로서 볼 수 있는 현상과 본질적으로 같다면, 아래 식이 성립된다.

$$A : B = C : X$$

좌변이 잔상에 의해 생긴 현상이므로

$$X = \frac{BC}{A}$$

즉, X는 문장상의 잔상 작용이라는 뜻이다.

우리는 이 방법을 일상적으로 사용하고 있다. 예를 들어 "그 사람의 행동은 매치 펌프다"라고 말했다고 하자. 매치 펌프란 한편에서는 불을 붙여 부채질하면서 동시에 다른 한편으로는 불을 *끄*려는 행동을 가리킨다. 이렇게 하면 자세한 설명 없이도 상황을 알기 쉽게 전달할 수 있다.

우리는 설명하기 어렵거나 표현하기 어려울 때 아날로지 방법을 사용한다. '비유적으로 말하자면 ……와 같은 거야'라는 식으로 이해시킨다. 미지를 푸는 가장 흔한 방법이다.

세렌디피티

우연을
가장한 발견

제2차 세계대전 중 미국은 대잠수함 병기의 개발에 힘을 쏟았다. 그러려면 일단 잠수함의 기관음을 잡아낼 수 있는 우수한 음파탐지기를 만들어야 했다. 탐지기를 만들려고 여러 가지 실험을 하다가 어떤 규칙적인 소리를 듣게 되었다. 잠수함이 만들어낸 소리가 아니었다. 이 음원은 도대체 무엇인가 조사해 보니 돌고래의 교신이었다.

그때까지 돌고래의 '말'에 대해서는 아는 것이 거의 없었는데, 이것이 계기가 되어 일거에 이목을 끄는 연구 과제가 되었

74

다. 원래는 무기를 개발하는 것이 목표였는데, 예기치 못한 우연으로 전혀 다른 새로운 발견을 하게 된 것이다. 이런 연구 케이스는 결코 드물지 않다.

과학자들 사이에서는 이렇게 군불에 밥을 짓는 것처럼 운 좋게 생겨나는 발견이나 발명을 '세렌디피티(serendipity)'라고 부른다. 특히 미국에서는 일상적인 대화에도 자주 쓰인다. 자연과학 분야는 고사하고 대부분의 지식인들 사이에서조차 세렌디피티라는 말을 거의 듣지 못하는 것은 일반적으로 창조적 사고에 관한 관심이 충분하지 않다는 현실을 말해 주는 건지도 모른다.

멀리 있는 잠수함의 기관음을 포착하려고 연구하다 돌고래의 교신음을 포착한 것이 특별히 뛰어난 세렌디피티도 아니고, 특별히 눈에 띄는 예도 아니다. 하나의 예를 들었을 뿐, 세렌디피티에 의한 발견과 발명은 수도 없이 많다. 그런데 이 세렌디피티라는 말의 유래가 조금 특이하다.

18세기 영국에서는 『세렌딥의 세 왕자』라는 동화가 널리 알려졌다. 여기에 나오는 세 왕자는 잃어버린 물건을 찾으러 다녔으나 잃어버린 물건은 찾지 못하고, 전혀 예상치 못한 것을 찾아내는 데 명수였다고 한다.

이 동화를 바탕으로 문인이자 정치가인 호레이스 월폴이 세렌디피티라는 단어를 새로 만들었다. 인간이 만든 단어인 셈이다. 그 당시에는 지금의 스리랑카인 실론섬을 세렌딥이라고 불렀는데, 이후 목적으로 하지 않았지만 부차적으로 얻는 연구 성과를 '세렌디피티'라고 부르게 되었다.

거창한 발견은 아니지만 세렌디피티 같은 현상은 일상생활에서도 가끔 경험한다. 책상 위가 뒤죽박죽이어서 뭔가를 찾고 싶어도 도저히 엄두가 나지 않을 때 갑자기 답장을 해야 하는 편지가 생각났다. 편지를 찾으려고 이리저리 뒤져봤지만 나오지 않았다. 그러다가 며칠 전부터 아무리 찾아도 보이지 않아 잃어버린 줄 알았던 만년필이 불쑥 튀어나왔다. 분명히 여러 번 찾아봤는데도 어째서인지 보이지 않았는데 오히려 찾지 않을 때 나온 것이다. 이것도 세렌디피티의 일종이다.

우리는 심리적인 세렌디피티도 자주 경험한다. 학생일 때 한 번쯤 겪어봤을 것이다. 시험 전날 밤, 학생은 시험 공부를 해야겠다며 책상에 앉는다. 그러자 갑자기 평소에는 관심도 없던 책이 눈에 들어온다. 손을 뻗는다. 책을 펼치고 읽기 시작하니 의외로 재미있다. 물론 읽으려는 마음은 전혀 없었고 별생각 없이 펴놓은 책이지만 읽는 걸 좀처럼 멈출 수가 없다.

그 책이라는 게 평소에는 거들떠보지도 않는 딱딱한 철학서일 수도 있으니 신기한 노릇이다. 아주 잠깐이라는 생각으로 들여다본 책에 매료되어 20분, 30분씩 읽다 보니 벼락치기 계획이 크게 틀어진다. 이런 일이 계기가 되어 새롭게 관심의 싹이 트기도 하는데, 이게 바로 세렌디피티다.

아날로지 사고법도 세렌디피티와 관련지어 생각해 볼 수 있다. 말의 비연속적 연속성을 생각하다가 모든 것에 관성의 법칙이 작용한다는 문제에 눈을 떴다. 따라서 목표로 하는 문제를 풀려고 하는 것은 변형된 세렌디피티라고 해도 좋다. 비유나 은유로 대상 자체를 규명하기는 어려워도, 전혀 다른 관계를 발견하고 유추할 수는 있다.

중심적 관심보다 오히려 주변적 관심이 더 활발하게 작용하는 것이 세렌디피티 현상이다. 시야의 중앙부에 있는 것이 가장 잘 보인다. 그런데 아이러니하게도 눈에 보이는데도 보지 못하는 경우가 적지 않다. '지켜보는 냄비는 끓지 않는다'는 말은 그것을 다른 각도에서 말한 것이다.

고민에 고민을 거듭한 끝에 주제를 정했음에도 끝끝내 생각에 잠기는 것은 현명하지 못한 일이다. 오히려 한동안 재우고 품어야 한다. 대상을 계속해서 직시하는 것이 사고의 자유로운 활동을 방해한다는 걸 깨달은 사람들의 지혜였을 것이다.

시야의 중심에 있으면서도 보이지 않는 게 있다고 했다. 그렇게 잘 보인다고 할 수 없는 주변부에 있는 것이 오히려 눈에 띄는 것이다. 그래서 중심부에 있는 주제를 해결하지 못했는데, 주변부에 있는 예기치 않은 문제가 튀어나오기도 한다.

재워둔다는 것은 중심부에서 풀리지 않은 일을, 잠시 관심을 끄기 위해 주변부로 옮긴다는 의미를 지닌다. 그렇게 함으로써 목적한 과제는 세렌디피티가 쉽게 일어나는 맥락에 둘러싸이게 된다. 인간은 의지력만으로 모든 것을 해내기 어렵다. 때로는 무의식의 작용에 의지하는 게 매우 중요하다는 사실을, 세렌디피티는 우리에게 가르쳐준다.

어느 날 옛 제자가 찾아와 옆길로 새어 나간 이야기가 참 재미있었다고 말했다. 교사로서는 마음이 복잡하다. 귀담아들었어야 할 수업은 어땠던 것일까? 옆길로 샌 이야기만 재미있었던 것처럼 말하면 남들이 듣기에도 좋지 않다.

도대체 어떤 수업이었냐고 물었더니 어떤 교과서를 펼치고 있었는지조차 분명치 않았다. 다만 이야기가 옆길로 새어 나간 것만큼은 선명하게 기억하고 있었다.

학생들은 대부분 수업이나 강의 목적에는 관심이 없고, 나이가 들면 대부분 잊어버린다. 어쩌면 처음부터 머릿속에 들어 있지 않았는지도 모른다. 그에 비해 이야기가 옆길로 새는 것에는 의무감이 따르지 않는다. 원래는 주변적인 이야기다. 그런 이야기가 인상적이고 언제까지나 잊히지 않는다는 것은 교육의 세렌디피티다. 교실은 강의가 옆길로 새어 나가는 것을 부끄러워

할 필요가 없다.

　학생만 그런 게 아니다. 교사도 옆으로 새는 이야기를 하다 보면 그전까지 한 번도 생각하지 못했던 문제가 불쑥 튀어나와 당황해서 이야기를 멈추고 노트 가장자리에 적어 놓기도 한다. 이야기가 옆으로 샌다고 항상 그런 것은 아니지만 때로는 세렌 디피티를 가져다준다.

　교사도, 학생도 이야기가 새는 것을 주저할 필요는 없다. 우리는 이런 가벼운 대화 속에서 스스로 많은 것을 배우고 주변 사람들에게도 자극을 준다.

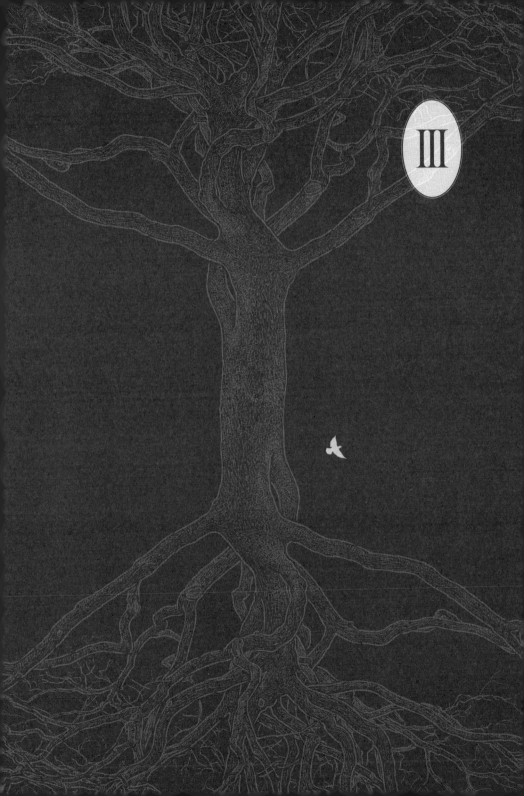

정보의 메타화

**평면적 정보를
입체적 생각으로 바꿔라**

우리 주변에 있는 모든 현상, 즉 현실은 자연과 인위로 나뉜다. 산이 있고 강이 흐르는 것은 인위가 없는 자연이다. 반면에 산에 나무를 심거나 강의 기슭, 둑이 깎이지 않게 보호 공사를 하는 것은 인위적이다. 물론 산 자체, 강 자체는 자연이다.

산천을 그린 그림이 있으면 아무리 똑같이 그려도 그건 인위적인 것이다. 아름답다는 감정을 불러일으키거나 그러한 목적으로 하는 인위적 활동을 가리켜 아트라고 한다. 아트는 예술에 국한되는 게 아니다. 인위적인 터치가 더해진 것이면 전부 아트라고 부를 수 있다.

언어 자체도 인간이 만들어낸 것이다. 자연에 대해 말하는 것도 물론 인위적인 것이며, 자연을 직접적으로 표현하는 것이 1차적 정보가 된다. '○○산은 남쪽 사면이 모래톱으로 되어 있다'는 말은 1차 정보다.

이에 반해 '이 지방의 산은 △△화산대에 속한다'는 식의 표현은 2차 정보다. 1차 정보를 바탕으로 더 고도의 추상을 표현하고 있다. 이른바 '메타' 정보다. 이를 바탕으로 추상화를 진행하면 3차 정보를 얻을 수 있다. 이것은 '메타·메타' 정보다. 이렇게 해서 인위적인 정보는 고차원의 추상화로 승화된다.

사고와 지식에도 이러한 메타화 과정이 있다. 가장 구체적이고 즉물적인 사고와 지식은 1차적인 것이다. 동류를 모아 정리하고 서로 연결하면 2차적 사고와 지식이 생겨난다. 이것을 다시 동류 사이에서 승화시키면 3차적 정보를 만들 수 있다.

대표적인 1차적 정보는 뉴스다. 사건이나 사실을 전달한다는 점에서는 흥미롭지만 그것이 어떤 의미를 갖는지는 명확하지 않다. 신문의 사회면에는 1차 정보가 주로 나오는데 그 기사가 가진 의미가 분명하진 않지만, 해석하지 않아도 그 기사가 전달하려 하는 바를 바로 알 수 있다. 이해하기 쉬운 글이다. 생생한 뉴스는 1차 정보의 특성을 잘 갖춘 것이다.

같은 신문이지만 사설은 수많은 1차 정보 뉴스를 기초로 정리한 2차 정보다. 사회면 기사를 흥미롭게 읽는 사람도 사설은 쉽게 읽어내지 못할 것이다. 사설을 읽는 독자가 적은 이유는 대부분이 1차 정보인 기사와 특징이 다르다는 것을 모르기 때문이다. 사설은 메타정보이고 다른 방식으로 읽어야 한다.

1차 정보를 2차 정보로 바꾸는 방법으로는 다이제스트와 평론이 있다. 다이제스트는 다른 말로 요약이라고 한다. 세세한 부분을 생략하고 요점을 정리하는 것이다. 승화라기보다는 압축이 더 적절한 표현일지 모르겠지만, 이미 정보화되어 있는 것에 인위적으로 무언가 더한다는 점에서는 분명한 2차 정보다.

'평론'이란 말은 '리뷰(review)'에서 따왔다. 말 그대로 다시 보는 것이다. 1차 정보를 시간을 들여 재고하는 것이다. 신문 뉴스를 다시 본다는 의미로 잡지 이름에 리뷰, 평론이라는 말이 많이 쓰여 왔다.

대학 도서관에 『케미컬 앱스트랙트』라는 영어로 쓰여진 책이 있다. 이 책은 화학 연구에 관한 모든 정보를 담고 있어 전문가라면 반드시 읽어봐야 하는 책이다. 문제는 그 구독료가 너무 비싸서 도서관 예산을 압박한다는 점이다.

여기서 책의 제목인 '앱스트랙트'에 주목했으면 한다. 개요를 뜻하는 abstract라는 단어를 보면 이 역시 부차적인 정보임을 알 수 있다. 개별 연구의 구체적인 내용을 전달하는 것이 아니라 어떤 연구인지를 추상화하여 기재한 문헌으로, 정보를 정리하여 엮은 것이 앱스트랙트다. 각각의 논문 말미에 레쥐메(résumé)라는 요약본을 더하기도 하는데 이것도 2차 정보이자 앱스트랙트의 일종이다.

한편, 논문은 1차적 정보여서는 안 된다. 2차적 정보라고 해도 승화도가 부족하므로 3차적 정보여야 적합하다. 글을 쓰는 데도 고도의 추상성이 요구되며 읽고 이해하는 데도 전문적 훈련이 필요하다.

스스로 생각할 때도 이렇게 1차부터 단계적으로 추상화시킬 수 있다. 단편적인 하나하나의 착상은 말하자면 1차 정보다. 그대로 두면 큰 의미가 없다. 이 정보를 다른 생각과 연결하고 종합하여 2차 정보로 만들어야 한다.

이때 발효, 혼합, 아날로지 등의 방법이 작용한다고 이미 언급했다. 사고를 정리한다는 것은 저차원의 사고를 추상의 사다리를 타고 고차원으로 메타화하는 것이다. 1차적 사고를 그 차원에 가둬두면, 아무리 시간이 흘러도 단순한 착상에 지나지 않는다. 정리와 추상화를 반복할수록 고도의 사고가 가능해지고 보편성도 커진다.

반대 개념인 '추상의 사다리를 내려가라'는 일반 의미론적 접근이다. 오해가 많은 커뮤니케이션을 바로잡아야 할 때는 추상의 사다리를 내려가서 2차적, 3차적 정보를 1차적 정보로 환원하는 것이 좋다.

그러나 그 흐름이 문화의 방향과 역행하는 것은 사실이다. 인지의 발달은 정보의 메타화와 병행됐다. 추상의 사다리를 오르는 것을 두려워해서는 사회의 발달도 불가능하다.

생각이나 지식을 정리한다고 하면 중요한 것을 남기고 그렇지 않은 것을 폐기하는 양적 처리를 상상하기 십상이다. 물론 그렇게 정리할 수도 있지만 그건 오래된 신문, 오래된 잡지를 보관할 곳이 마땅치 않아졌다고 해서 필요한 것만 고르고 이외의 것은 처분해 버리는 행위와 비슷하다. 단지 물리적으로만 바라본 것이다.

진정한 정리는 그런 게 아니다. 1차적 사고를 보다 높은 차원으로 끌어올리는 질적 변화다. 아무리 지식이 많고 사고와 착상을 밥 먹듯 해도 그것만으로는 2차적 사고로 승화되지 않는다. 양이 질을 대신할 수는 없기 때문이다.

1차에서 2차, 2차에서 3차로 생각을 정리하려면 시간이 걸린다. 그 사고를 재우고 화학적 변화가 일어나기를 기다려야 한다. 그렇게 화합된 사고는 이전과는 다른 '메타사고'가 된다.

추상의 사다리를 타고 올라가면 철학이 된다. 예로부터 많은 역사적 기록을 남겼더라도 이를 역사론, 역사학으로 통합하려면 사관이 뚜렷해야 한다. 1차적 역사 정보에는 축복받았더라도 이 것을 메타화하여 2차, 3차 이론으로 만들지 않으면 그뿐이다.

생각과 착상도 사정이 다르지 않다. 착상이나 구체적인 지식이 부족하지 않은데도 그것을 정리, 통합, 추상화하여 체계로 끌어올리는 경우가 드물다.

사고를 정리하려면 평면적이고 양적인 정리가 아니라 입체적이고 질적인 통합을 생각해야 한다. 이 책에서 발상의 발효 등에 대해 특히 자세히 살펴본 이유는 바로 이 점을 고려했기 때문이다. 이것을 바꿔 말하면 생각의 순화라고 할 수도 있을 것이다.

스크랩

**정보를 수집하는
효율적인 방법**

신문을 읽다가 이런저런 생각이 드는 기사를 발견하면 나중에 꼭 봐야겠다고 다짐하면서도 이내 시선을 옮겨버린다. 이 '나중에'가 문제다. '나중에'가 영영 오지 않는 것이다.

잊어버린 건 아니다. 분명 기억하고 있다. 다만 정신이 없어서 이틀이나 사흘이 지나는 경우가 적지 않다. 그러다가 문득 생각이 나서 '아, 맞다, 저번에 봤던 기사는 따로 보관해야겠다' 하고 신문을 집어 든다. 기억을 더듬어 찾아보는데, 없다. 조금 당황한다. 이제 더 이상 찾을 수가 없다. 석간신문에서 봤나 싶지만 아니다. 분명히 조간신문 이 페이지였어, 하고 눈을 부릅뜨고 확인하지만 찾을 수 없다. 초조하다. 이쯤 되니 점점 더 중요한 내용이 적혀 있던 것만 같다.

흥미를 갖고 읽은 책은 머릿속에 들어오면 저절로 바뀌는 모양이다. 분명 이런 제목이었는데, 하고 찾으려 해도 보이지가 않는다. 가까스로 찾아보니 머릿속에 그렸던 제목과는 딴판이다.

그래도 찾으면 다행이다. 사나흘 전에 봤던 기사는 찾지 못하는 경우가 허다하다. 구독하는 신문이 하나뿐이면 좋겠지만, 세 개나 네 개면 애초에 어느 신문이었는지도 헷갈린다. 신문 더미 속에서 원하는 기사를 찾아내려면 꽤 평정심이 필요하고, 초조해하거나 서두르면 결코 찾을 수 없다.

신문 기사를 스크랩하려면 그 자리에서 바로 오리는 것이 가장 안전하다. 다만 실제적 문제로서 다른 가족들이 보기도 전에 신문에 구멍을 내는 것은 바람직하지 않다. 그래서 '나중에'로 미루게 되는데, 그것이 위험한 행동임은 위에서 말한 대로다. 그 자리에서 오리지 못할 때는 빨간펜이나 마킹펜으로 표시해 두어야 나중에도 금방 찾을 수 있다.

물론 손에 가위나 커터칼이 없으면 안 된다. 요즘은 신문 스크랩 전용 커터칼도 있다. 밑에 다른 페이지가 있어도 흠집 하나 내지 않고 신문지 한 장만 오려낼 수 있다. 만년필처럼 생겨서 주머니에 넣고 다닐 수도 있다.

잡지 스크랩은 신문에 비하면 간단하다. 뒤죽박죽 섞여서 어디론가 사라지는 일이 적기 때문이다. 단 그 자리에서 필요한 부분은 잘라내야 하는 것은 마찬가지다. 기껏 산 잡지를 망가트리다니 너무 아깝다, 라는 생각을 하면 스크랩을 할 수 없다. 아무리 호화로운 잡지라도 쓸만하다 싶은 기사는 굳게 마음먹고 스크랩한다.

스크랩을 하더라도 그냥 놔두면 금세 어디론가 사라져 버린다. 보관하기 위해 바로 조치를 취해야 한다. 스크랩을 정리하는 방법에는 스크랩북에 붙이는 방법과 봉투에 나누어 보관하는 방법 두 가지가 있다.

스크랩북에 보관하는 방법은 문제가 아주 세세하게 나뉘어 있지 않을 때, 혹은 특정 주제에 대해서만 스크랩을 할 때 좋다. 예를 들어 자신과 관련된 기사만 스크랩할 때는 스크랩북 한 권만 있으면 된다. 날짜순으로 붙인다.

물론 스크랩을 할 때는 반드시 게재된 신문, 날짜, 잡지명, 월호를 적어놓는 걸 게을리하지 말아야 한다. 이걸 빠트리는 바람에 기껏 스크랩한 기사의 가치가 반감하는 일도 있다. 일일이 기재하기 귀찮다고 어설프게 축약해 놓으면 당장은 알아도 5년, 10년이 지나고 나면 무슨 일인지 알 수 없다. 그래서 꼼꼼하게 적는 습관을 들이는 게 좋다. 매일 스크랩을 하는 사람이라면, 스크랩하는 신문의 이름이 새겨진 고무판과 날짜 스탬프를 준비하는 것이 좋다.

그런데 스크랩북은 다양한 문제를 스크랩할 수 없어서 불편하다. 동시에 쓸 수 있는 여러 권의 스크랩북이 필요하다. 또 한번 붙이면 떼어내기 어렵다. 이전 것과 새로운 것이 관계가 깊어 함께 붙이고 싶어도 떼어내기가 어려워서 곤란하다. 그뿐만 아니다. 처음에는 꽤 나올 거라고 예상하고 스크랩북 한 권을 마련했으나 자료가 전혀 모이지 않아 안이 휑한 것도 재미없다.

그에 비하면 봉투 방식은 편리하다. 문제별로 큰 봉투를 준비하고 오려낸 것을 각각 해당하는 곳에 집어넣는다. 번거롭지 않아 좋다. 한가할 때 기사들을 꺼내서 관계가 깊은 스크랩끼리 클립으로 고정시키면 이용 가치가 한층 높아진다. 봉투 방식은 간편하고 좋지만 잃어버리기 쉽다는 단점이 있다. 봉투에 넣고 꺼내는 과정에서 작은 조각이 떨어질 우려도 있다. 그런 걱정을 만들지 않도록 작은 신문기사는 큰 하드보드지에 붙여놓는다.

이건 스크랩북이든 봉투든 두 가지 방법 모두에 해당하는 팁이다. A항목과 B항목에 모두 관계가 있는 기사가 나오는 경우에 유용하다. 둘 중 어느 한쪽에 억지로 집어넣으면 나중에 엉뚱한 곳을 찾다가 놓치게 된다. 그러니 두 개 이상의 항목에 걸쳐 있는 것은 가능하면 복사하여 각각의 항목에도 넣어둔다. 복사가 안 되면 종이에 제목만 쓰고 스크랩은 ○○항에 있다는 식으로 교차 참조할 수 있게 한다.

봉투 안에 스크랩 기사가 쌓였다는 것은 그 주제가 자료를 갖췄다는 증거다. 봉투가 빵빵해지면 정리해서 책으로 엮는다는 열정적인 학구파도 있다. 몇 년에 걸쳐 모은 다양한 기사이기 때문에 벼락치기 공부로는 도저히 얻을 수 없는 깊이 있는 지식을 얻을 수 있다.

책은 필요한 부분만 오리지 않는다. 읽으면서 표시를 해두었다가 다 읽고 나면 표시가 있는 부분만 복사해서 스크랩하는 방법이 있다. 잡지라도 학술적, 기록적 가치가 높은 내용은 완질로 보존하려는 마음이 강해서 스크랩하기 어렵다. 이 경우에도 역시 복사한 기사를 스크랩하면 된다.

내가 예전에 잡지를 편집했을 때에는 집필자에게 잡지를 보낼 때 교정을 마친 교정지도 함께 보냈다. 그들은 매우 흡족해했다. 잡지 한 권을 망가뜨리지 않고도 자신이 쓴 문장을 보존할 수 있었기 때문이다. 그때는 지금처럼 복사본이 보급되지 않을 때였다.

복사본을 만드는 것 외에도 책 속의 중요한 내용을 나중에 쉽게 찾아볼 수 있는 팁이 있다. 표지 안쪽 빈 부분에 관심 있는 주제를 써놓고 페이지를 표시하는 방법이다. 그러면 나중에 찾을 때 매우 편리하다.

책의 경우 스크랩 방식을 따르기는 어렵지만, 어디에 어떤 정보가 있는지를 카드에 적어 앞에서 소개한 봉투에 넣거나 스크랩북에 붙여두면 메모하는 데 도움이 된다.

명심할 것은 스크랩을 다 보관한다고 좋은 게 아니라는 점이다. 시간이 지나면 전혀 쓸모없는 글이 나오기 마련이다. 너무 많이 쌓아두면 전체적인 이용 가치가 떨어지기에 때때로 신중하게 정리하여 폐기해야 한다. 살을 빼지 않으면 움직이지 못하는 우리네 몸과 다르지 않은 것이다.

카드와 노트

**가치가 높아지는
작성법**

어떤 사안을 조사하거나 뭔가를 알고 싶을 때, 먼저 그것에 대한 지식을 모아야 한다. 대부분의 지식은 백과사전에 나와 있어 대략적인 개념을 이해할 수 있다. 상세한 지식이 필요하지 않거나 급한 용무가 있을 때는 백과사전을 들여다보는 것이 오히려 불편한 경우도 있다. 빠르게 요령을 얻고 싶으면 같은 백과사전이라도 간략하게 쓰여 있는 걸 찾아보는 게 편리하다.

본격적으로 조사하는 경우에 백과사전은 입문서에 지나지 않는다. 항목 말미에 참고문헌이 실려 있는 사전이 많은데 이럴 때는 그 책들을 통해 지식을 수집한다.

지식을 수집할 때는 체계적인 수집이 중요하다. 재미있어 보인다고 다 집어넣으면 어수선해진다. 단편적인 지식의 산이 되어 조사하기 전보다 오히려 머리가 혼란스러워질 때도 있다.

조사할 때는 먼저 어떤 것을, 그리고 무엇을 위해 조사하는지를 명확히 하고 정보 수집에 착수한다. 마음이 조급해져서 일단 책을 읽어보자는 식으로 시작하면 어렵게 얻은 지식도 도움이 되지 않는다. 뭔가를 조사하려는 사람은 아무래도 욕심이 생기는 모양이다. 뭐든지 자기 것으로 하려는 경향이 있는데 이러면 어렵게 모은 지식의 이용 가치가 떨어진다.

대상 범위를 명확히 하고 팬한 것에 눈을 돌리지 않아야 한다. 쉬워 보이지만 처음에는 좀처럼 실행하기 어렵다. 다시 말해 조사를 시작하기 전에 생각할 시간을 충분히 가져야 한다는 뜻이다. 충분한 준비도 없이 갑자기 책을 읽기 시작하면 도중에 계획을 다시 짜야 할 수도 있다.

조사하기 위해 정보를 수집할 때 일반적으로 카드와 노트를 활용한다. 둘 다 잘 알려진 방법이지만 실제 뜻대로 활용하는 사람이 많지 않은 것 같다.

먼저 카드법부터 알아보자. 요즘은 다양한 카드가 만들어져 시판되고 있다. 그런 카드를 사는 것도 한 방법이지만 도중에 카드가 바뀌면 낭패다. 그렇다고 잔뜩 사놓는 것도 이상하다. 시판되는 카드 중에 마음에 드는 게 없으면 본인이 사용하기 편리한 카드를 고안해서 직접 만드는 것도 재미있다.

직접 제작도 주문 인쇄하여 만드는 것부터 필요 없는 용지를 잘라서 만드는 것까지 방법은 다양하다. 어쨌든 이런 '만듦새'에 지나치게 집착하지 않는 것이 중요하다. 카드 형식 등에 지나치게 까다로운 사람 중에 카드를 잘 활용하지 못하는 경우도 적지 않다.

카드가 너무 거창한 것 같으면 종이쪼가리라고 불러도 좋다. 다만 크기가 고르지 않으면 나중에 쓰기 불편하므로 크기는 통일해야 한다. 이렇게 카드를 준비하고 책을 읽는다. 이거 괜찮은데, 싶은 곳을 발견하면 카드에 적는다.

필기 방법도 다양하다. 해당 부분을 그대로 베끼는 방법도 있지만 문장이 너무 길면 시간이 걸린다. 아주 중요한 부분만 발췌하면 시간을 많이 잡아먹지 않지만, 어쨌든 노트나 카드를 쓰면서 책을 읽으면 진도가 잘 나가지 않는다.

특히 책을 읽는 초반에는 뭐든 카드에 적고 싶어진다. 사전 지식의 양이 적을수록 많이 적으려고 한다. 카드가 많아진다는 것은 그만큼 아는 게 없다는 뜻이니 자랑이 아니다.

한편, 카드에 반드시 넣어야 하는 두 가지 항목이 있다. 하나는 출처다. 어떤 책의 몇 페이지에서 나온 건지 명기하지 않으면 카드의 가치가 없다고 생각해도 좋다. 같은 책에서 수십 장 내지는 백몇십 장의 카드를 적는데, 책 제목을 일일이 적을 수 있을까 싶지만, 이게 없으면 실 끊어진 연이나 다름없다. 간략하게 적는 것도 좋지만 나중에 알아보지 못하는 일이 없게 주의해야 한다.

또 하나는 첫머리에 표제를 붙이는 것이다. 내용을 간결하고 정확하게 보여주는 제목을 붙이는 건 때로는 꽤나 힘든 일이다. 급하게 제목을 달아놓으면 나중에 쓰지 못하는 실수를 할 수도 있으니 제목에 신경을 쓰자. 그렇지 않으면 활용도가 떨어진다. A와 B, 두 개의 제목을 나란히 써놓는 것도 한 방법이다. 어쨌든 제목이 없는 카드는 어두운 밤에 양산을 쓰는 것이나 다름없다.

카드 방식의 문제점은 보관과 정리가 힘들다는 점이다. 시간을 들여 만든 카드가 일부 분실될 우려도 있다. 하나하나 떨어져 있어서 한 장이 사라져도 알아채기 어렵다는 단점이 있지만, 그 대신 배열을 다양하게 바꿀 수 있어 편리하기도 하다.

카드가 많아지면 정리할 수 있는 카드 상자가 반드시 필요하다. 그리고 잃어버리지 않게 주의한다. 상자 안에 항목별로 분류해 두면 나중에 쉽게 참조할 수 있다.

다음은 수첩을 사용하는 방법이다. 카드보다 더 오래된 방법으로 독서 노트처럼 특별한 주제 없이 뭔가 재미있는 것, 혹은 장래에 도움이 될 만한 점을 적는 것도 있고, 논문 작성 노트처럼 주제와 관련된 것만 적는 것도 있다.

카드 쓸 때와 마찬가지로, 노트를 쓸 때도 너무 많이 쓰지 않게 주의한다. 그렇지 않으면 노트 개수가 늘어나는 것에만 기뻐하는 결과를 맞이할 수도 있다. 사소한 걸 메모하다 보면 계속해서 그보다 더 중요해 보이는 것들이 나타난다. 이건 놓치면 안 돼, 이것도 무시할 수 없어, 하고 적다 보면 언젠가 책을 전부 베껴 쓰게 될지도 모른다.

그러한 폐단을 피하려면 한 번 읽고 바로 노트에 필기하지 말아야 한다. 2페이지를 먼저 읽은 뒤, 앞으로 돌아가서 중요한 부분만 따로 적는다. 혹은 1장, 1절처럼 내용의 단락이 끝나는 부분까지 읽고, 다시 앞으로 돌아가서 노트에 적는다. 그러면 책을 전부 베껴 쓰는 어리석은 짓은 피할 수 있다. 다만 이런 식이라면 사소한 부분을 놓칠 우려가 있다.

빌린 책은 논외지만 자기 책이라면 읽을 때 연필로 표시하면서 읽는 것도 좋다. 혹은 빨간색, 파란색, 노란색 사인펜을 준비하여 자신의 생각과 같으면 파란색, 반대 취지라면 빨간색, 새로운 지식을 제공하면 노란색 줄을 친다. 슬쩍만 봐도 그 부분이 어떤 성격인지 알 수 있어 편리하다. 하지만 이 방법은 책의 가치를 희생할 각오가 되어 있을 때만 실행할 수 있는 방법이다.

도서관에서 빌린 책에 밑줄을 긋는 것은 다음 이용자에게 큰 실례이므로 절대로 낙서하거나 줄을 그어서는 안 된다. 그러한 기본도 지키지 못하면 공중도덕이 심하게 결여되어 있는 것이다.

카드와 마찬가지로, 노트에도 필수적으로 각 항목에 제목을 붙인다. 노트는 각 항목의 순서가 고정되어 있어 순서를 바꿀 수 없지만, 제목을 모아 색인으로 만들면 노트의 가치가 높아진다. 이렇게 하면 어떤 것과 어떤 것이 서로 연관되어 있는지 쉽게 일람할 수 있다.

적독법

**머릿속 노트를 활용하는
무의식 독서법**

뭔가를 조사할 때 책을 읽고 카드나 노트를 남기는 것은 가장 정통적인 방법이다. 하지만 모든 사람이 그렇게 하는 것은 아니다. 또 그렇게 하지 않는다고 해서 지식을 정리할 수 없는 것도 아니다. 전에도 말했듯이 카드도, 노트도 일일이 손으로 써야 한다. 시간이 걸리는 작업이지만 기껏 받아 적어 놓고도 나중에 다 쓸 거라는 보장도 없다.

나중에 쓸모가 있을지도 모르지만 그것은 우연에 지배당하는 것이므로 반드시 그렇다고 단언할 수도 없다. 그런 노트가 있었다는 사실조차 까맣게 잊어버리기도 한다. 카드나 노트를 만드는 것도 쉽지 않지만 사후관리는 그보다 더 힘들다. 어지간히 관리를 잘하지 않으면 쓸데없는 자료를 산더미같이 끌어안게 되는 꼴이다. 사람에게는 맞는 일과 맞지 않는 일이 있다. 다른 사람에게 아무리 좋은 방법이라도 내가 직접 해봤을 때 효과가 없는 경우도 얼마든지 있다.

지식을 수집하고 정리해서 논문으로 쓸 때 많이 쓰이는 방법 중에 카드도 아니고 노트도 아닌 게 있다. 바로 '무의식 독서법'이다. 방법은 다음과 같다.

우선 주제와 관련된 참고문헌을 모은다. 모을 수 있을 만큼 모으면서 읽지는 않는다. 관련된 정보는 이것밖에 없다, 싶을 때까지 자료가 모이면 책상 옆에 쌓아둔다. 그리고 자료를 닥치는 대로 읽는다. 이때 쓸데없는 짓을 하면 다 읽을 수 없으므로 메모 정도만 허용하고, 노트나 카드는 쓰지 않는다.

그렇게 하면 잊어버리지 않을까? 하고 걱정하는 사람은 카드파이자 노트파다. 그런 성향의 사람은 이렇게 일단 부딪혀보는 방식을 따라 하지 말아야 한다. 따라 한다고 해서 성공할 리 없다.

이 방법에서는 모든 것이 머릿속에 기록된다. 물론 잊어버리기도 한다. 하지만 노트에 적거나 카드를 만들 때처럼 완전히 깨끗하게 잊히지는 않으니 참 신기하다. 아무래도 기록했다는 안

도감이 망각을 촉진하는 모양이다.

예전에 어느 학자가 동향의 후배 대학생에게 교수의 말을 일일이 받아 적는 어리석은 짓을 하지 말라고 훈계한 적이 있었다. 요즘 대학에서는 모든 걸 노트에 필기하는 학생이 많지 않지만, 예전에는 한 자 한 자 노트에 받아 적는 것이 상식이었다. 교수도 필기하기 편하게 또박또박 천천히 이야기했다.

그 학자는 그런 시대에도 노트에 전부 적는 것은 결국 머리에 잘 들어오지 않는다는 것을 알았던 모양이다. 중요한 숫자 외에는 요점만 써넣어야 훨씬 인상에 남는다는 것이다.

글을 쓰다 보면 거기에 정신이 팔려 내용을 놓치기 쉽다. 그러고 보니 예전에 강연을 들으러 온 학생들이 앞다퉈 메모하던 장면이 떠오른다. 다들 고개를 숙이고 어두침침한 곳에서 연필과 펜을 놀렸다. 노트 신봉파로서, 중요한 걸 노트에 적어야 한다는 생각에 빠져 있었을 것이다. 그러나 그 메모를 나중에 다시 읽는 일은 거의 없다. 그런데도 글을 쓰는 걸 멈추지 못해 이야기의 흐름을 놓치고 만다. 결국 둘 다 망치게 되는 것이므로 강연을 듣고 메모를 하는 것은 현명하지 못하다.

그걸 누가, 언제 가르쳐줬는지 모르겠다. 어느 날 문득, 정신을 차려보니 메모에 열을 올리던 청중들이 모두 사라졌다. 어느새 변화가 일어난 것이다. 다만 주최자 측에는 여전히 노트 신봉파가 남아 있어서 "오늘은 열심히 메모하는 사람도 드문드문 보였습니다!"라며 기뻐한다. 신문에도 가끔 그런 문구가 들어간 기사가 눈에 띈다. 다시 말하지만 귀를 기울여야 이야기가 머리에 잘 들어온다.

또 하나는 관심이다. 메모나 노트를 하지 않아도 흥미가 있는 것은 쉽게 잊어버리지 않는다. 잊는다는 것은 관심이 없다는 증거가 되기도 한다. 알고 싶은 마음이 강하면 머릿속 노트에 적어 넣는다. 그러면 좀처럼 사라지지 않을 것이다. 머리를 믿어주지 않으면 머리가 너무 가엽다. 일단 부딪혀보자고 생각하는 사람들이 이 방법에 잘 맞는다.

가령 관련 문헌이 열 권 있다고 하자. 이 책들을 읽다 보면 세 번째 책부터 서로 중복되는 부분이 나온다. 그러면 이것이 상식, 혹은 정설이 되었다고 짐작할 수 있다. 만약 앞의 책과 반대되는 생각이나 지식이 나오면, 여기서는 여러 설이 있다는 것을 알 수 있다.

첫 번째 책이 가장 시간을 많이 잡아먹으니 표준이 되는 책부터 읽는다. 같은 문제에 관한 책을 많이 읽으면 뒤로 갈수록 읽지 않아도 아는 부분이 많아진다. 처음 한 권을 읽는 데 사흘이 걸렸다고 열 권을 읽는 데 30일이 걸리지는 않는다. 한 번에 쭉 읽는 것이 의외로 효율적이다.

책을 다 읽고 나면 되도록 빨리 정리해서 글을 써야 한다. 글의 잔상이 사라지면 망각이 빠르게 진행되기 때문이다. 정말 중요한 부분은 그렇다 쳐도 세세한 부분은 그렇게 선명하게 기억에 남지 않는다.

많은 지식과 사실이 머릿속에서 소용돌이치고 있을 때 이를 정리하는 것은 생각만큼 쉽지 않다. 정리와 요약을 싫어하는 지식이 많기 때문이다. 하지만 카드도, 노트도 아닌 머릿속 노트는 뒤이어 들어오는 자료들에 떠밀려 지워지기 전에 정리를 완료해야 한다.

책을 쌓아두고 독파하는 것이므로 이것을 '적독법'이라고 불러도 좋다. 보통 적독이란 말은 책을 쌓아두고 읽지 않는다는 뜻이지만, 적독법은 말 그대로 쌓아두고 읽는 공부법이다. 그리고 이 공부법은 꽤 효과적이다. 옛날 사람들은 이 방법에 많이 의지하지 않았나 하는 생각이 든다.

내 머리가 카드고 노트인 셈이다. 거기에 적어놓고 필요에 따라 꺼내 써야 하니 기억력이 좋아야 한다. 옛 학자 중에 박학다식한 사람이 많았던 것도 놀랄 일이 아니다. 책이 귀했던 시대에는 참고문헌이나 참고용 사전도 거의 없어 지식을 얻으려면 기억에 의존하는 수밖에 없었다.

책이 많아지고 잊어버린 것을 기억할 수 있는 수단이 생기면서 머리는 점점 더 잘 잊게 되었다. 요즘에는 박학다식한 사람이 드물다. 그런 말을 들어도 예전만큼 명예롭지도 않다.

그러나 일시적 박학다식은 지식을 정리하는 데 매우 효과적이다. 적독법은 집중독서, 집중기억에 의해 어떤 문제에 관해 단기간에 박학다식한 인간이 되는 것이다.

다만 바로 기록해 두지 않으면 기억한 내용이 사라진다. 그리고 논문이나 원고가 완성되면 안심하고 잊어버린다. 거기에 집착하는 것은 다음 지식을 습득할 때, 다음 적독 공부를 할 때 방해가 되기 때문이다.

하지만 아무리 잊으려고 해도 영원히 남는 어떤 것들이 있다. 그 사람의 깊은 곳에 자리한 흥미, 관심과 연결되어 있기 때문이다. 잊어도 된다고 생각했으나 잊지 못한 지식에 따라 개개인의 지적 개성이 형성된다. 적독파 중에 스타일이 확고한 지식인이 많은 것처럼 보이는 것은 결코 우연이 아닐 것이다.

얼핏 보면 게으른 것처럼 보이지만 적독법은 고전적이면서 동시에 현대적이기도 하다. 우리가 특별히 의식하지 않고 하는 공부법 중에는 이처럼 쌓아두는 법을 변형시킨 것이 많다.

두 번째 노트

**아이디어를 깨우고
다시 숨쉬게 만들다**

뭔가 생각이 떠오르면 그대로 재워야 한다. 잠시 머릿속 한구석에 밀어두는 방법도 있지만, 어쩌면 그대로 잡생각과 함께 사라져 버릴지도 모른다. 그렇게 되면 모처럼 떠올린 아이디어가 너무 아깝다. 잊어버리지 않게 재워두려고 하면 자꾸만 들춰보게 되어 진짜 재워두는 게 아니게 된다. 그래서 조금 더 방법을 생각해 봐야 한다. 이제 됐다, 하고 안심이 되는 상황이 아니라면 재워두지 말고 한동안 잊어버린다.

하지만 완전히 잊어버려도 곤란하다. 잊어버리되 잊어버리지 않으려면 어떻게 해야 하는가? 그게 문제다. 계속 기억하라고 말하는 것보다 어려운 주문이다.

기록해 놓는다. 이것이 해결책이다. 적어놨다고 생각하면 마음이 놓여 잠시 머릿속에서 지워버릴 수 있다. 기록을 보면 언제든 떠올릴 수 있으므로, 떠올린 아이디어를 머릿속이 아니라 종이 위에 재워두는 것이다.

기록이 필요한 경우도 있다. 재워두는 것보다 일단은 붙잡아 놓는 것이 급선무일 때다. 머릿속에 퍼뜩 떠오른 것은 순식간에 사라지기 쉽다. 한번 사라지면 아무리 기억하려 해도 되살아나지 않는다.

뭔가 떠오르면 그 자리에서 바로 받아 적는다. 그때는 별로라고 생각되던 아이디어가 나중에는 얼마나 대단한 아이디어가 될지 모른다. 적어 놓지 않아서 기껏 떠올린 묘안이 영원히 어둠 속에 묻혀버리는 것은 유감스러운 일이다.

앞에서 삼상설(마상, 침상, 측상)에 관해 썼다. 전철 안, 잠자리 안, 화장실 안이라니, 전부 좋은 생각이 떠오르지 않을 것 같은 곳들뿐이다. 그런데 꼭 그런 장소에 있을 때 골똘히 생각했던 것에 관한 좋은 힌트가 떠오른다.

문제는 화장실에 있으면 힌트를 얻었다고 해도 아무것도 할 수 없다는 것이다. 화장실에서 나가면 메모해 두자고 다짐했건만, 문을 열고 나올 때쯤에는 흘러 내려가는 물과 함께 말끔히 잊어버릴지도 모른다.

그 자리에서 메모하는 버릇을 들이지 않으면 아이디어를 놓칠 수 있다. 차 안이든, 잠자리에서든, 화장실 안이든 손이 닿는 곳에 필기도구를 놔둬라. 여차하면 바로 거기에서 쓸 수 있게 준비해 둔다.

베개 밑에는 큼직한 종이와 연필을 놓고 잔다. 한밤중에 잠에서 깼는데 착상이 떠올랐다 치자. 불을 켜지 않고도 손으로 더듬더듬 종이를 찾아 적을 수 있어야 한다. 아침에 보면 글씨가 삐뚤빼뚤 쓰여 있고 겹친 부분도 있을지 모른다. 그래도 짐작은 할 수 있으니 충분한 단서가 된다.

가우스나 헬름홀츠 같은 부류의 사람들은 잠에서 깨어나면 묘안의 구름 같은 것이 피어오르는 아침을 맞을 것이다. 그럴 때 일어나고 나서 쓰자고 생각하면 대부분은 흐지부지 사라져 버린다. 머리맡에 종이와 연필이 있으면 얼마든지 받아 적을 수 있다. 물론 그런 아침에는 들뜬 마음을 진정시키기 힘들 것이다.

가장 간단한 방법은 수첩을 들고 다니는 것이다. 평범한 수첩이면 된다. 단, 모든 칸을 아이디어와 힌트를 작성하는 데 사용한다. 날짜와 줄은 무시한다. 공간을 절약해야 하므로 가는 글씨로 요점만 간결하게 쓴다. 한 항목이 끝나면 선을 그어 구분한다. 그러면 한 페이지에 꽤 많은 생각을 쓸 수 있다. 일련번호까지 집어넣으면 나중에 참고하기에 편리하다. 날짜도 적어두면 언제 생각했는지 명확하게 알 수 있다(아래 그림 참고). 기억에 남도록 줄 바깥쪽에 인덱스를 붙여 두면 나중에 찾을 때 도움이 된다. 처음에는 귀찮지만 익숙해지면 반사적으로 수첩을 꺼내 적을 수 있게 된다.

이 수첩 안에서 아이디어는 잠시 쉰다. 얼마간 재워두었다가 어느 정도 시간이 흐른 뒤에 다시 본다. 그토록 훌륭한 생각이라며 글을 썼건만, 시간이 지나고 보니 아침 햇살을 받은 반딧불이의 빛처럼 초라해 보일 때도 있다. 재우는 동안 숨이 끊어져 버린 것이다.

그렇게 되면 가차 없이 버린다. 재우는 동안 살이 붙지 않은 것은 결국 인연이 없던 것이다. 다시 봐도 역시 재미있다 싶은 아이디어는 살아있는 것이다. 그냥 놔두지 말고 다른 곳에서 좀 더 푹 재워 둔다.

　이제 또 다른 노트를 준비한다. 수첩 속에 잠시 잠든 아이디어 중, 아직 살아있는 아이디어를 이 노트에 옮긴다. 이때 너무 싸구려 노트는 쓰지 않는다.

　나는 영문일기용 노트를 쓰는데 칸, 날짜, 여백에 영어 속담까지 인쇄되어 있으나, 수첩처럼 일체 무시하고 생각을 보존하는 장소로만 사용한다.

　노트 사용법은 112쪽 그림을 참고한다. 우선 Ⓐ에는 무엇을 의미하는지 그 제목을 쓴다. 그리고 수첩에 있던 내용을 항목별로 적는다. 이것이 Ⓑ 부분이다. 수첩에는 요점이 세 가지 정도밖에 없었는데 정리하고 보니 대여섯 가지나 된다는 것은 재우는 동안 생각이 부풀어 올랐다는 증거다.

　Ⓒ에는 노트에 옮긴 날짜를, Ⓓ에는 수첩에 적을 때의 일련번호를 적는다. 신문이나 잡지에서 관련된 기사를 발견하면 잘라내서 Ⓔ에 붙인다.

　이렇게 노트를 만들어 썩거나 죽지 않은 수첩 속 아이디어만 옮겨서 다시 재운다. 발효하여 생각이 제 발로 찾아오면 이에 대

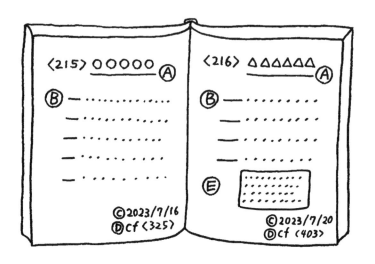

해 생각을 정리한다. 기회가 있으면 글로 쓴다.

　무엇이든 좋으니 원고를 자유롭게 써달라는 부탁을 받았다고 하자. 이 노트를 휘리릭 넘겨본다. 제목을 보고 저절로 생각이 떠오르는 것 같다면 그 페이지에 시선을 고정한다. 뭔가 쓸 수 있을 것 같다는 생각이 들면 그걸 소재로 삼는다.

　이미 충분히 재우고 품고 있었으므로 발상이 금방 썩어서 단명하지는 않는다. 이미 한 번 체로 걸렀다. 자신의 머릿속 관문을 통과했으니 다른 사람의 머릿속 관문을 통과할 가능성도 그만큼 크다고 봐도 좋다.

　글로 쓰고 발표한 아이디어는 페이지의 모서리 부근에 빨간

줄을 두 개 긋는다. 강연 소재로 쓸 때는 같은 곳에 빨간 줄을 하나 긋는다. 그러고는 아래쪽에 똑같이 빨간색으로 발표 장소와 날짜를 적는다. 이걸로 이 아이디어의 일생은 끝난 것이다.

메타노트

**생각을 이식하면
무섭게 자라난다**

　노트를 만들면 그중에는 빨리 썩는 발상도 있고, 시간이 지날수록 점점 재미있어지는 아이디어도 있다. 그것들을 함께 보관하는 것은 좋지 않다. 살아있을 법한 아이디어는 다른 곳으로 옮긴다. 노트 안에서 콘텍스트, 즉 의미가 서로 이어지는 전후 관계를 만들 수 있기 때문이다. 각 주제의 씨앗은 콘텍스트에 둘러싸여 저절로 그 영향을 받고, 때로는 새로운 전개가 펼쳐지는 것을 방해받기도 한다.

　인간도 콘텍스트로 자기를 규정하고, 주변과의 관계에서 자신의 역할을 명확히 한다. 어떤 그룹에 속해 있으면 어느새 그 그룹의 일원으로 움직이게 되어 자기도 모르는 사이에 자신을 옥죄는 경우가 적지 않다.

A학교에 있을 때는 어쩐지 별 볼 일 없던 학생이 B학교로 전학하자마자 사람이 변한 것처럼 성장하기도 한다. 물론 그 반대도 없는 것은 아니다. 콘텍스트를 바꿔보면 새로운 싹이 돋아나는 것 같아 흥미롭다.

병을 치료하는 방법 중에 전지요법이란 게 있다. 기후 풍토가 다른 곳으로 환자의 장소를 옮기면 증세가 경감되는 예가 많아서 이런 방법을 쓰는 것일 테다. 어디에 있으나 똑같다고 생각하고 싶지만 땅이 가진 공기, 즉 생리적 콘텍스트가 달라지면 우리의 생체는 크게 변화한다. 그래서 장소를 옮기는 전지가 약을 먹는 것과는 다른 효과를 내는 것이다.

식물도 모판에 놓아두기만 해서는 잘 자라지 않는다. 벼가 그에 알맞은 예다. 모종을 모내기로 이식하면 갑자기 쑥쑥 자란다. 직접 씨를 뿌리면 효과가 없으니 두 번 고생하는, 수고스러운 작업이 확립된 것이 틀림없다.

다년생 식물도, 잘 자라지 않던 나무도 다시 심으면 몰라보게 쑥쑥 자라기도 한다. 식물도 콘텍스트 안에 살고 있다. 거기에 '익숙해진' 경우에는 성장이 빠르고, 맞지 않을 때는 발육이 좋지 않다. 정원사들은 그 주변을 속속들이 알고 적당한 곳에 적당한 걸 심는다. 그걸 모르는 풋내기는 종종 실패한다.

머릿속에서 생겨나는 사고의 생명도 콘텍스트가 적합한 것과 부적합한 것이 있다. 그래서 콘텍스트의 변화를 통해 새로운 생명의 개진을 기대할 수 있다. 재우는 시간을 주는 것도 그에 따라 원래의 콘텍스트가 필연적으로 바뀌고, 새로운 면이 보이기를 기대하는 것이다. 주변의 토양과 콘텍스트가 바뀌면 같은 곳에 있어도 이식된 것과 같다.

수첩에 적어놓은 메모를 노트로 옮기는 것이 바로 이식이다. 그대로 옮기는 것 같아도 결코 그렇지 않다. 어느 정도는 변형된다. 아니, 변형된다기보다 원래의 선후관계에서 벗어나서 새로운 선후관계, 콘텍스트를 만들어서 그 안에 집어넣는다고 봐야 한다.

콘텍스트가 바뀌면 의미가 조금씩 달라진다. 수첩 속에 있던 아이디어를 노트에 옮겨주면 그것만으로도 새로운 의미를 갖게 된다. 원래 주변에 있던 것과 분리되면 지금까지와는 다른 색으로 보일지도 모른다.

이 노트에 있는 생각과 아이디어를 한 번 더 다른 곳으로 옮긴다. 재우는 동안 깊이 잠들어 깨어날 것 같지 않은 아이디어도 나온다. 그렇다고 그 속에 언제까지나 방치하는 것은 바람직하지 않다.

아직 살아 있는 것, 움직이려고 하는 것은 새로운 곳으로 옮겨주면 더욱 활기를 띨 가능성이 있다. 노트에 기초해서 다시 노트를 만든다. 뒤에 만든 노트를 '메타노트'라고 부르기로 한다.

앞에서 소개한 노트는 한 페이지씩 주제별로 다뤘지만, 메타노트는 하나의 주제에 두 페이지씩 할애한다. 그러니까 펼쳐진 양쪽 면이 하나의 테마가 되는 셈이다.

첫머리에 주제의 제목을 붙이고 일련번호를 매기는 것은 앞서 말한 노트와 다르지 않다. 노트에 적힌 내용을 정리해 항목별로 나열한다. 여백은 나중에 따로 써넣을 것이 있을 수 있으므로 여유롭게 남겨 두는 것이 바람직하다.

제목 아래의 cf라고 적힌 숫자는 노트 안의 참조번호다. 오른쪽 페이지에는 가로선이 하나 있는데 그 아래는 메타노트에 옮긴 뒤에야 알게 된 것을 적어놓는다. 정보가 많아져서 두 페이지에 다 쓰지 못하면 종이를 붙여서 거기에 쓰도록 한다. 같은 항목을 다른 곳에서 다시 다루는 건 나중에 놓칠 우려가 있으니 되도록 피한다.

제목 오른쪽에 적혀 있는 날짜는 메타노트로 옮긴 날이다. 이것은 나중에 드디어 발효되었을 때 어느 정도의 시간이 지났는지를 알기 위해서 적는다. 또 노트에서 메타노트로 옮긴 것이 얼마나 오래전인지를 알고자 했던 것도 있다.

메타노트에 적은 아이디어는 자신에게 상당히 중요한 것이며 장기간에 걸쳐 관심사가 되리라 예상되는 것들로 가득하다. 그렇다고 매일 들여다보면 안 된다. 기록되어 있다는 사실에 안심하고 잠시 머릿속에서 지운다. 주제 자체도 새로운 콘텍스트에 집어넣었으니 일단 관심도 접어둔다. 그러면 생각은 조용히 커지거나 사라진다.

자신의 내막을 보여 주는 것은 결코 좋은 취미가 아니다. 할 수만 있다면 그런 짓은 하고 싶지 않지만, 이런 책을 내면서 일반론만 말하기도 곤란하다. 어떻게 해서든 경험한 걸 바탕으로 이야기를 하는 수밖에 없어 굳이 나만의 방식을 선보였다. 그러니 이것을 꼭 삶에 적용해 보기를 바란다.

수첩은 일정표와 공용이라서 연말에 받은 것을 사용한다. 메모가 많을 때는 한 해에 대여섯 권의 수첩을 써본 적도 있지만 요즘은 대체로 한 권이면 충분하다. 그래도 1년에 1천 개에서 1천 5백 개 정도의 항목을 기록하는데, 예전에 메모를 많이 했던 시절에는 1년에 1만 개를 가볍게 돌파했다.

어떤 일이 있어도 이 수첩을 손에서 놓지 않는다. 뭔가가 갑자기 생각나거나 재미있는 이야기를 읽거나 누군가에게 듣게 된다면 나중으로 미루지 말고 바로 그 자리에서 받아 적는다. 그것이 메모의 철칙이다. 그때 쓰지 못한 것을 나중에 쓰기란 매우 어렵다.

앞에서 나는 영문일기용 노트를 쓰고 있다고 말했다. 메타노트도 같은 영문일기용 노트를 쓰고 있는데 크기가 다르면 책장에 꽂을 때 고르지 않아서 별로다.

메타노트와 노트가 전혀 구별되지 않으면 기록을 찾아볼 때 불편하기 때문에 언뜻 보기만 해도 알 수 있도록 표시해 두고 싶었다. 노트는 두꺼운 흰 종이로 덮고, 메타노트는 갈색의 양지로 감싼다. 색깔별로 구분을 해두었으니 이제 각각에 권수를 적고 순서대로 정렬한다.

이 일을 20여 년간 계속했더니 흰색 노트가 31권, 갈색의 메타노트가 22권이 되었다. 이렇게 정리된 노트 53권을 바라보며 내 생각이 전부 이 안에 있다고 생각하면 꽤나 기분이 좋다.

IV

정리

**창조적 인간에게
요구되는 능력**

우리는 어릴 때부터 잊어버리면 안 된다는 말을 지겹게 들었고 잊어버렸다고 말하면 꾸지람을 들었다. 그래서인지 잊어버리는 것에 대해 공포를 느낀다. 나쁜 감정이 들 수밖에 없다.

학교에서 잊지 말고 잘 기억하라고 명령하는 데는 그만한 이유가 있다. 교실은 지식을 제공하고 지식을 늘리는 게 목표다. 기껏 준 걸 버리면 곤란하니 잘 기억해 두라고 당부하고, 기억하는지 아닌지 시험을 쳐서 조사한다. 기억하지 못하면 점수를 깎아서 경고하기도 한다. 좋은 점수를 받는 게 좋아서 사람들은 자기도 모르는 사이에 잊는 걸 두려워하게 된다.

교육 수준이 높을수록, 그리고 똑똑하다는 말을 들을수록 지식을 많이 갖고 있다. 즉, 잊지 말아야 할 것들이 많다는 뜻이다. 머리가 뛰어나다는 것은 기억력이 뛰어나다는 것과 종종 같은 의미를 지닌다. 그래서 살아있는 사전 같은 인간이 만들어진다. 여기서 문제는 우리가 머리를 어떻게 생각하는가, 하는 것이다.

지금까지의 교육은, 인간의 두뇌를 창고와 같은 것으로 보았다. 지식을 끊임없이 축적하는 것이다. 창고는 크면 클수록 좋고, 그 안에 많이 들어 있을수록 좋다.

기껏 축적하려고 하는데, 한쪽에서 점점 물건이 없어지는 일이 생기면 '잊어버리지 마라'는 구호를 외치게 된다. 그리고 재고를 검사해서 없어지지 않았는지 확인한다. 그게 시험이다.

창고로서의 머리에 망각은 적이다. 박식함은 학식이 있다는 증거였다. 그런데 이런 인간의 두뇌에 무서운 적이 나타났다. 컴퓨터다. 창고로서 훌륭한 기능을 가지고 있으며 일단 넣은 것은 절대 잃어버리지 않는다. 필요할 때는 재빨리 꺼낼 수 있고 정리도 완벽하다.

컴퓨터가 등장하고 보급되면서 인간의 머리를 창고로 쓰는 것에 의문이 생겼다. 컴퓨터형 인간을 만들었다한들 진짜 컴퓨터를 당해낼 리가 없다. 그래서 마침내 '창조적 인간'이 대두되었다. 컴퓨터가 할 수 없는 일을 해야 한다는 것이다.

인간의 머리는 앞으로도 일부는 창고 역할을 계속해야 하지만, 그것만으로는 부족하다. 새로운 걸 생각해 내는 공장이 되어야 한다. 창고라면 넣어둔 물건을 분실하지 않게 보관하면 되지만, 물건을 만들려면 보관 능력만 있어서는 안 된다.

무엇보다 공장에 물건이 잡다하게 들어 있으면 작업 능률이 떨어진다. 쓸데없는 물건은 처분하고 넓은 공간을 확보해야 한다. 그렇다고 모든 것을 버려서는 일이 되지 않는다. 그래서 정리가 중요해진다.

창고에도 정리는 필수인데, 이때의 정리는 어떤 것을 순서대로 정리하는 것을 말한다. 그에 반해 공장 내 정리는 작업에 방해가 되는 것을 제거하는 것이다.

이 공장 정리에 해당하는 것이 망각이다. 망각은 인간의 머리를 창고로 볼 때 위험하다고 여겨지지만, 공장으로서 능률을 높이려면 점점 잊어버려야 한다. 요즘 사람들은 그런 사실을 잘 모른다. 그래서 공장 안을 창고처럼 만들고 흡족해하는 사람이 나타난다. 그러면 두뇌가 공장으로서도, 창고로서도 제대로 기능하지 않을지도 모른다.

컴퓨터로는 이런 망각이 불가능하다. 앞으로 컴퓨터는 창고에 집중하고 인간의 머리는 지적인 생산을 하는 공장 역할에 치중하도록 하는 방향으로 나아가야 한다. 그러려면 잊는 것에 대한 편견을 고쳐야 한다. 그런데 그런 생각을 하면 의외로 잊기 어렵다.

예를 들어 뭔가 돌발적인 사건이 일어났다고 하자. 그 사건에 휩쓸린 사람들에게 너무 많은 일들이 이것저것 한꺼번에 쏟아진다. 머릿속에 점점 더 많은 일들이 들어오면서 혼란에 빠진다.

이것이 망연자실이다. 멍하니 정신을 잃는다는 뜻으로 어떻게 해야 좋을지 모르는 상황에 쓰인다. 여기서 첫 번째 글자는 '바쁘다'는 뜻의 망(忙)이다. 이 한자는 '마음 심(心)' 자에 '잃어버릴 망(亡)' 자를 더한 것이다. 바쁘면 정신을 잃을 정도로 머리가 안 돌아가니 뇌를 바쁘게 해서는 안 된다. 잡동사니가 가득한 창고는 곤란하다는 것이다.

평범한 일상에서 머리가 바쁘면 안 된다. 그래서 인간은 자연스럽게 머릿속을 정리한다. 그게 바로 수면이다. 잠들고 나서 얼마 지나면 렘(REM)수면이 시작된다. 눈꺼풀이 실룩거린다. 렘수면 동안에 머리는 그날 있었던 일을 정리한다. 기억해야 할 것과 잊어버려도 되는 것, 즉 창고에 넣어야 할 것과 처분해도 되는 것을 구분한다. 그렇게 자연스럽게 잊는다.

아침에 눈을 뜨고 기분이 상쾌한 것은 밤사이 머릿속이 깨끗하게 정리되어 넓어졌기 때문이다. 아침 시간이 사고의 황금시간인 것도 머리 공장이 잘 정돈되어 잘 돌아가기 때문이다. 어떤 사정으로 이 과정이 방해를 받으면 잠을 푹 못 자서 머리가 무거워진다.

옛날 사람들은 자연에 순응하는 생활을 해서 신이 내려준 망각 작용인 수면만으로도 충분히 머리를 청소할 수 있었다. 하지만 요즘 사람들은 정보 과잉 사회에 살고 있어서 아무래도 불필요한 정보가 머리에 쌓이기 쉽다. 밤의 렘수면 정도로는 처리할 수 없어서 정보가 남는다. 그걸 그대로 두면 점점 머릿속이 혼란스러워지고 항상 '바쁜' 상태가 된다. 노이로제 등도 그 원인에서 비롯된다.

예전에는 잊으면 안 된다고 말할 수 있었다. 머리를 창고로 쓸 만큼 안이 넓었기 때문이다. 요즈음은 넣을 게 많아진 반면 공간은 한정되어 있다. 게다가 창고뿐만 아니라 공장으로써 뭔가를 만들어내야 한다. 그래서 거치적거리는 것들이 나뒹굴고 있으면 불편하다. 잊기 위한 노력이 요구되는 것이다.

지금까지는 많은 사람이 이런 생각을 해본 적이 없으니 잊어버리자고 말해도 빨리 잊지 못한다. 하지만 들어갈 것이 있으면 나올 것도 있어야 한다. 넣기만 하고 나오지 않으면 폭발해 버릴지도 모른다.

무언가를 먹으면 소화해서 흡수해야 할 것을 흡수하고, 나머지는 몸 밖으로 내보낸다. 먹기만 하고 배설하지 않으면 똥이 된다. 지금까지의 창고식 교육은 무심코 이 똥 덩어리를 쌓아두게 했다. 더 많이 섭취하면 더 많이 배출해야 한다. 망각은 이 필수적인 배설에 해당한다. 이를 눈엣가시로 삼는 것은 큰 잘못이다.

공부하고 지식을 습득하는 한편, 불필요해진 것을 처분하고 정리할 필요가 있다. 무엇이 중요하고, 무엇이 그렇지 않은지를 모르면 오래된 신문 한 장도 정리할 수 없다. 그렇다고 일일이 생각할 시간도 없으니 자연스럽게, 직관적으로, 앞으로 필요한 것과 불필요해 보이는 것을 구분하여 신진대사를 하는 것이다. 머리를 잘 쓰기 위해서는 '잊는' 것이 매우 중요하다. 머리를 고능률 공장으로 만들기 위해서라도 끊임없이 잊어야 한다.

잊는 것은 가치관에 따라 잊는 것이다. 재미있다고 느끼는 것은 사소한 일이라도 좀처럼 잊혀지지 않는다. 가치관이 확고하지 않으면 소중한 것을 잊고 시시한 것을 기억하게 된다. 이 점에 대해서는 좀 더 깊이 생각해 봐야 한다.

망각

**머리가 시원해지는
잘 잊는 방법**

잊어버리면 안 된다고 생각하면 완전히 잊어버리는 주제에, 빨리 잊어버리고 싶은 일은 짓궂게도 언제까지고 머리에 달라붙어 떨어뜨리지 못한다. 잊는 것이 뜻대로 되지 않는 것이다. 지금까지는 잊는 것을 눈엣가시처럼 여겼기 때문에 어떻게 하면 잊을 수 있을지 물어도 갑자기 좋은 생각이 떠오를 리 없다.

잊지 못하는, 즉 늘 바쁘게 움직이는 머리로는 변변한 생각이 나오지 않는다며 그러면 어떻게 해야 할지 모르겠다느니 그런 말을 할 때가 아니다. 학교에서도 잊어버리는 법을 배우지 말란

법은 없다.

자연의 망각법이 잠이라고 앞에서도 말했다. 그래서 문제가 없다면 다행이지만 그렇지 않으니 일이 꼬이는 것이다. 안 좋은 일이 생기면 한시라도 빨리 잊고 싶어 하는 것이 사람의 마음이다. 예전부터 그때마다 하던 일이 있었다. 홧김에 술을 마시는 것이다. 곤드레만드레 취해서 곯아떨어진다. 잠에서 깨어나면 여기가 어딘지조차 모를 때도 있다. 그토록 괴로운 일도 까맣게 잊게 되는 것이다.

그렇게 마시는 술이 몸에 좋을 리 없다. 하지만 잠 못 이루는 밤을 보내는 것도 결코 건강하다고는 할 수 없다. 홧김에 마시는 술은 몸에는 안 좋아도 머릿속에 해로운 것을 빨리 흘려 버리는 일종의 지혜다. 가장 원시적이고 과격한 방법이지만 그것만으로도 효과가 있다.

하지만 아무리 효과가 있다고 해도 끊임없이 홧술을 들이키다 보면 머리는 물론 몸이 망가지기 마련이다. 어지간한 일이 아니면 이 방법을 쓰지 말아야 한다.

잠시 기분 전환을 하고 싶을 때도 있을 것이다. 지금까지 하던 일을 일단 접어두고 머리를 청소한다. 새로운 머리로 생각을 할 수 있어서 좋다. 설마 그럴 때마다 홧술을 퍼마시는 얼간이는 없을 것이다.

책상을 떠나 차를 마시러 나가는 것도 좋다. 장소를 바꾸면 기분이 달라진다. 앞에서도 전지에 대해 썼는데, 이것도 일시적 전지다. 기분을 일신한다. 여기에 음료수를 더하면 더욱 기분이 달라진다.

이럴 때 마시는 음료를 영어로 리프레시먼트(refreshments)라고 한다. 리프레시란 '기분을 상쾌하게 하다', '다시 살아난 기분이 든다'는 동사다. 그것의 명사인 리프레시먼트는 '가벼운 식사', '다과'라는 뜻이 된다. 홧김에 마시는 술만큼은 아니지만, 입에 뭔가를 넣으면 그때까지 머릿속에 있던 것을 흘려보내고 정리할 수 있다. 잊어버리는 효과가 있을 것이다.

또, 다른 일을 하면 잊을 수 있다. 지켜보는 냄비는 끓지 않는다고 했다. 잊을 틈이 없을 정도로 한 가지 일에 집착하다 보면 오히려 할 수 있는 일도 하지 못하게 된다. 잊어버려야 한다.

벌써 이야기했지만 잊으려고 노력해 봤자 별 효과가 없다. 오히려 잊기가 어려워진다. 잠이 오지 않는 밤에 잠을 자야 한다고 조급해할수록 눈이 말똥말똥해지는 것과 같다. 그럴 때는 오히려 어려운 책을 읽는다. 그러면 얼마 안 있어 졸음이 밀려오니 신기할 따름이다.

뭔가를 재워두려고 잠시 잊어야 할 때, 또는 불쾌한 일을 잊고 싶을 때도 다른 일을 하는 것이 좋다. 한 가지 일을 하고 나면 그다음에는 완전히 다른 일을 한다. 한동안 그 일을 하다가 또 새로운 문제에 착수한다. 오랫동안 똑같은 일을 계속하면 피로가 쌓이고 능률이 떨어진다. 이따금 담배를 한 대 피우고 리프레시를 해야 하는 것은 그 때문이다. 하지만 다른 활동을 한다면 특별히 휴식을 취하지 않고도 리프레시를 할 수 있다.

열심히 공부하는 사람은 아침부터 밤까지 같은 문제를 생각한다. 근면해 보이지만 그리 효율적이지는 않다. 시간이 넘칠 정도로 많은 사람이 시간의 흐름을 잊어버릴 만큼 몰두해서 공부했다고 한들 성과가 그리 크지 않다. 오히려 쉬엄쉬엄해야 진척도 빠르다.

누가 생각했는지는 모르지만 이런 점에서 학교 시간표는 아주 잘 짜여졌다고 할 수 있다. 국어를 하면 수학, 그다음에는 사회를 하고, 과학과 체육을 하면 그다음엔 미술을 하는 식이다. 언뜻 보면 맥락이 없는 공부를 잇달아 하는 것 같이 보여서 이를 주입식이라고 하는 사람도 있다. 좀 더 조직적으로 해보면 어떨까 싶어 두 시간 연속 수업을 시도하는 고등학교가 있지만 그건 나와는 조금 생각이 다른 것 같다. 창고형 머리를 만든다면 몰라도 생각하는 머리를 키우려면 잊는 것도 공부의 일부로 봐야 한다. 그리고 잊으려면 이질적인 것에 접근하는 것이 효과적이다. 학교 시간표는 그렇게 하고 있다.

게다가 수업과 수업 사이에는 휴식 시간이 있다. 이것은 망각을 준비하는 휴식 시간이다. 마음껏 교정을 뛰어다니며 새로운 공기를 마시고 이를 통해 리프레시먼트 하는 것이 바람직하다.

땀을 흘리는 것도 잊는 데 효과가 있다. 기분이 상쾌해진다는 것은 머리가 깨끗하게 청소되었다, 망각이 이루어졌다는 증거다. 적당한 운동은 머리가 잘 돌아가기 위한 필수 조건이다. 피의 순환이라고 하지만 머리는 몸의 일부다. 몸의 혈액순환 말고 머리의 혈액순환만 좋게 하자는 것은 무리한 주문일 것이다. 물론 목 위쪽이 잘린 사람은 예외다.

땀을 흘리는 정도는 아니지만 산책도 몸을 쓰는 거라서 망각을 촉진하는 효과가 있다. 이는 오래전부터 사람들에게 주의를 받은 것으로 보인다. 서유럽의 철학자는 기꺼이 거닐었고 산책 중에 사색을 정리해 위대한 사상으로 발전시킨 예가 적지 않다.

마음에 걸리는 일이 있어 책을 읽어도 자꾸만 마음이 행간에서 벗어날 때는 과감히 산책을 나간다. 어슬렁어슬렁 걷는 것은 좋지 않다. 잰걸음으로 걷는다. 얼마 후에는 기분이 변하기 시작하고 머리를 덮고 있던 안개 같은 것이 조금씩 걷히기 시작한다.

그렇게 30분 정도 걸으면 가장 가까운 기억의 대부분이 사라져 버린다. 개운하다. 그리고 잊고 있었던 재미있고 소중한 기억들이 되살아난다. 머릿속 정리가 끝난 것이다. 이제 집에 가서 책을 읽으면 머릿속에 점점 더 많이 들어온다.

앞에서 말했지만, 잊히는 것은 별로 가치가 없는 것들이다. 적어도 본인이 마음속 깊은 곳에서 중요하지 않다고 생각하는 것은 잊지 않으려 해도 잊혀진다. 아무리 사소한 일이라도 흥미나 관심이 있는 것은 결코 잊어버리지 않기에 잊는다는 것은 가치의 구별, 판단이 된다.

강의나 강연을 듣고 부지런히 메모하는 사람이 적지 않다. 잊어버리면 곤란하니까 적어두는 거라고 말하지만, 노트에 기록했다고 안심하면 잊어버려도 괜찮다고 생각하는 건지 의외로 깨끗하게 잊어버린다. 원래라면 잊을 리 없는 것까지 잊어버린다.

강연을 들을 때는 메모를 거의 하지 않는다. 그저 멍하니 듣고 있으면 대부분 잊어버리지만, 정말로 관심이 있는 것은 잊어버리지 않는다. 너무 자세히 쓰다 보면 재미있는 일까지 잊어버린다. 반면, 쓸데없는 건 얼마든지 메모해도 좋다. 그러면 안심하고 빨리 잊을 수 있다.

중요한 것은 쓰지 않는다. 그리고 잊어서는 안 된다. 잊으면 돌이킬 수 없다고 생각해야 한다. 인간은 문자로 기록하고 잊어버리는 것에 능숙해졌다. 그만큼 머리도 좋아졌을 것이다.

시간의 시련

**수많은 시간을 이겨낸
고전의 힘**

일본 근대문학 전공자를 제외하면 소설가 시마다 세이지로를
아는 사람은 드물다. 그가 쓴 『지상』이라는 작품이 세상에 화제
가 되었다는 것을 아는 사람도 이제 거의 없다.

시마다 세이지로는 그야말로 천재였다. 그걸 의심하는 사람
은 거의 없었다. 그런데 어떤가. 불과 60년 만에 완전히 잊혀졌
다. 당시에는 오히려 나쓰메 소세키의 작품에 의문을 품는 사람
이 많았다. 비판도 적지 않았다. 그런데 지금은 일본의 국민작가
로서 근대문학에서 비견할 만한 작품이 없다고 일컬어진다. 그

당시에 이렇게 되리라고 예상한 사람은 거의 없었다고 해도 좋으리라.

유행이란 그 정도로 사람의 눈을 미치게 만든다. 어느 시대나 가장 이해하지 못하는 것이 '현대'다. 옛 시대에 관해서는 잘 안다. 예상에서 크게 빗나가지는 않는다. 그런데 모든 것을 직접 보고 들어서 알고 있어야 할 현재에 관해서는 전혀 모른다. 그래서 알고 있다면서도 엉뚱한 판단을 하고 만다.

문학사가들은 이 사실을 잘 알고 있다. 때때로 현대 문학사를 시도하는 사람도 있겠지만 역사가들은 대부분 현대에 가까워지는 걸 두려워한다. 아무리 현대라고 해도 30년, 50년 전까지만 다루고 붓을 멈추는 것이 보통이다.

그래서 새로운 것이 나타나면 '아직 이 작가들이나 작품들은 시간의 시련을 거치지 않았다. 지금 부주의하게 그 경중을 논하는 것은 삼가야 한다'라는 의미의 상투적인 말을 어김없이 준비하는 것이다. 그 이면에는 수많은 실패 사례가 도사리고 있다. 어째서 가장 잘 알고 있어야 할, 눈앞의 일을 그토록 모르는 것일까.

첫째, 지금까지의 생각과 그것을 바탕으로 유행하는 색안경을 쓰고 보기 때문이다. 주변 사람들이 똑같이 쓰고 있는 안경을 끼고서는 일시적인 것인지 확실하게 간파하기 어렵다. 그 안경

136

너머로는 새로운 것이 나타나도 보이지 않을 것이고 설령 보인다 해도 기괴한 모습으로 비칠 것이다. 그래서 도저히 진정한 가치를 알아볼 수 없다.

또 하나는 새로운 것, 그러니까 너무 새로운 것은 본래의 모습이 아닌 모습으로 변형되는 경우가 있다. 목수는 생나무로 집을 짓지 않는다. 갓 벤 나무는 좋은 것 같지만 건축 재료로는 부적절하다. 건조해지면 비뚤어지기 때문이다. 변형되기 전의 생나무는 말하자면 거짓된 모습이다. 시간을 들여서 바뀌어야 할 부분을 바꿔놓지 않으면 집을 지을 수 없다.

새로운 문학작품도 상정은 다르지 않다. 작가의 손을 떠난 지 얼마 안 된 작품은 생나무와 같다. 문학사라는 집을 짓기에 이 작품은 아직 너무 새로워서 '시간의 시련'을 거치며 바람을 쐬게 하고, 건조해야 한다.

시간이 흐르면 설령 미미하더라도 풍화가 일어난다. 자잘한 것은 떨어져 나가고 새로운 성격을 띠게 된다. 이것이 고전이 되는 과정이다. 원고일 때와 똑같은 의미를 지닌 채 고전이 된 작품은 동서고금을 막론하고 없었을 것이다. 반드시 시간의 체에 걸러져서 떨어져 나갈 것은 떨어져 나간다.

때로는 작품 자체가 묻혀버릴 수도 있다. 발표 당시 천하의 이목을 집중시켰던 시마다 세이지로의 『지상』이 반세기도 지나지 않아 완전히 잊혀진 것이 그 예이다. 소멸되는 건 면했지만 생나무일 때와는 크게 달라졌다고 말하지 않을 수 없다.

조너선 스위프트의 『걸리버 여행기』는 18세기 작품이다. 원래는 낭대의 정치 상황에 대한 신랄한 풍자였다. 그런데 다음 시대부터 독자들이 이해하지 못하는 부분이 나오기 시작했고, 시대가 지나면서 점점 더 많아졌다. 일반적으로 풍자는 풍화가 급속히 진행된다. 이윽고 『걸리버 여행기』를 풍자로 읽는 사람이 없어지며 잊혀도 이상하지 않은 작품이 되었다.

그런데 새로운 읽기가 이뤄지면서 이 책은 리얼리즘 동화로 변신했다. 이와 함께 『걸리버 여행기』의 고전화가 일어났다. 정치 풍자를 그만두자 비로소 세계적인 독자층을 가질 수 있게 된 것이다.

'시간의 시련'이란 시간이 주는 풍화 작용을 거치는 것을 말한다. 풍화 작용은 다시 말해 망각이다. 고전은 독자가 지닌 망각의 층을 통과할 때 탄생하며 작가 자신이 고전을 만들어낼 수는 없다.

망각의 여과조를 통과하는 사이에 어디론가 사라져 버리는 작품이 수도 없이 많다. 대부분이 그런 운명에 처한다. 극소수의 작품만이 시련을 견뎌내고 고전으로 다시 태어난다. 지속적인 가치를 지니려면 이 망각의 체는 도저히 피할 수 없는 관문이다.

이 관문은 5년이나 10년밖에 안 된 새로운 것에는 작용하지 않는다. 30년, 50년이 지나면 비로소 그 위력을 발휘한다. 내버려둬도 50년이 지나면 나무는 뜨고 돌은 가라앉게 되어 있다. 이것을 자연의 고전화라고 한다면, 인위적 고전화 작용이라고 해야 하는 것도 있다.

　자연의 고전화는 오랜 시간이 필요하다. 그냥 내버려두면 고전화가 일어나는 대신 평생이 걸려도 끝나지 않을 수도 있다. 그보다 더 짧은 시간에 시간의 시련을 끝낼 수는 없을까?

　특별히 노력하지 않으면 고전이 되는 데 30년이나 50년의 세월이 걸린다. 그 시간을 단축하려면 망각을 촉진하면 된다. 자연스럽게 잊어버리도록 내버려두지 말고 잊어버리려고 노력한다. 앞 장에서 말한 것처럼 머릿속을 끊임없이 정리하고 쉬이 잊어버리게 되면 망각의 시간은 몰라보게 단축될 것이다.

　일시적인 생각은 당장은 아주 훌륭하지만, 그것은 생나무와 같은 아이디어다. 빨리 수분을 빼줘야 한다. 메모하는 것이다. 적어 놓으면 안심이 된다. 안심하면 빨리 잊는다. 얼마 후 다시 본다. 메모장에 적어두면 안심이 된다. 안심하면 빨리 잊는다. 얼마 후 다시 본다. 10일, 길어야 2주밖에 지나지 않았는데 벌써 썩어가고 있다. 어째서 이런 생각을 일일이 적어 놓았는지 고개를 갸웃거린다. 그러면 풍화가 진행된 것이다.

노트에 옮기는 것은 말하자면 1차 시련을 통과한 발상이다. 이것도 얼마 후에 다시 검토해 보면 역시 재미없는 부분이 나온다. 이것이 2차 시련이다. 여기를 통과한 생각을 앞에서 소개한 메타노트에 옮긴다. 이렇게 변하지 않는 생각을 찾아낸다. 반대로 말하면 변하기 쉬운 생각은 잊어버린다.

망각은 고전이 되는 길을 알려주는 이정표다. 되도록 잊어버려야 좋다고 말하는 이유도, 개인의 머릿속에서 고전적이면서도 변하지 않는 사고를 빠르게 만들어내기 위해서는 무엇보다 망각이 중요하기 때문이다. 생각의 정리에는 망각이 가장 효과적이다. 자연에 맡기면 인간의 일생에 걸친 문제로서 시간을 너무 많이 잡아먹는다. 그렇다고 생나무로 아무리 집을 지어봐야 세월의 풍화를 견디지 못할 것이 분명하다.

잊어버리는 달인이 되어 점점 잊어버리자. 자연 망각의 몇 배의 속도로 잊을 수 있다면 역사가 30년, 50년 걸리는 고전화하는 정리를 5년이나 10년으로 단축할 수 있다. 시간을 강화하여 잊는다. 그것이 개인의 머릿속에서 고전을 만드는 방법이다. 그렇게 해서 고전이 된 흥미나 착상이라면 쉽게 사라지지 않을 것이다. 사고의 정리란, 얼마나 잘 잊어버리느냐에 달렸다.

버리는 용기

**지식이 많을수록
중요해지는 가치관**

지식은 많으면 많을수록 좋다. 아무리 많은 것을 배워도 우리
가 아직 알지 못하는 무한한 미지가 남아 있다. 만유인력을 발견
한 뉴턴은 다음과 같이 말했다고 전해진다.

"세상 사람들이 나를 어떻게 생각하는지는 모르겠지만, 나는
나 자신을 해변에서 놀고 있는 어린아이와 같다고 생각한다. 때
때로 희귀한 조약돌이나 조개를 발견하고 기뻐하지만, 그 너머
에는 전혀 알지 못하는 진리의 바다가 놓여 있다."

이 진리의 바다를 철저히 규명할 수는 없지만, 지식은 많으면

많을수록 좋다는 것은 분명하다. 처음 초등학교에 입학하면 누구나 자신의 지식이 얼마나 부족한지를 깨닫고 남몰래 고민한다. 어쨌든 지식을 쌓아야 한다는 것에 정신이 팔려 머릿속에 들어온 지식을 어떻게 할지에 대해서는 별로 생각하지 않는다. 그래서 박식한 사람이 생겨난다. 박식한 사람은 그저 지식만 보유한 경우가 적지 않다.

베이컨은 "지식 그 자체가 힘이다"라고 말하지만, 적어도 현대에서는 단지 지식이 있는 것만으로 힘이 될 수 없다. 조직된 지식이 아닌 지식 자체는 무언가를 만들어내기 어렵다. 그뿐만이 아니다. 지식의 양이 증가하여 일정한 한도를 넘으면 포화 상태에 이른다. 그다음에는 아무리 늘리려고 해도 유실되어 버린다. 결국 그 문제에 대한 호기심이 사라지고 지식에 대한 욕구도 줄어든다.

수확 체감의 법칙이라는 게 있다. 일정한 토지에서 농작물을 지을 때 그에 투입되는 자본과 노력의 증가에 따라 생산량은 올라가지만, 어느 한계에 다다르면 투입에 비해 생산성 줄어드는 현상을 가리킨다.

이와 비슷한 현상이 지식을 습득하는 과정에서도 일어난다. 처음에는 공부를 하면 할수록 지식의 양이 늘어나고 능률이 오르지만, 제법 통달하게 되면 벽에 부딪친다. 새로 배워야 할 것이 점차 없어진다. 무엇보다도 처음과 같은 신선한 호기심이 사라진다. 여기서 초심을 잊지 말자고 말하는 것은 무리다.

20년, 30년 동안 한 가지 일에 몰두한 사람이 기간에 비해 눈에 띄는 성과를 내지 못하는 경우도 있는데 이는 수확 체감을 보여 주는 증거다. 한 길을 걷는 것이 반드시 황금률이 아닌 것도 그 때문이다.

지식은 처음에는 많으면 많을수록 좋지만 포화 상태에 이르면 선별해서 깎아내야 한다. 즉, 정리가 필요하다. 그렇지 않으면 처음에는 플러스로 작용하던 원리가 어떤 점에서 역효과를 낳는다. 이런 일은 다양한 곳에서 일어나는데 이를 깨닫지 못하는 사람은 결국 실패한다.

예를 들면 마라톤 경주와 같은 것이다. 전반은 출발점에서 멀리 갈수록 좋지만 후반은 반대로 출발점을 향해 달린다. 출발 지점에 결승선이 있기 때문에 반환점을 돌아 반대 방향으로 달려야 한다. 반환점을 돌지 않고 앞으로만 계속 달리면 아무리 시간이 흘러도 결승선에 이르지 못한다. 지적 마라톤이라는 레이스에서도 반환점을 돌지 않고 돌진하는 주자가 적지 않다.

반환점을 돌고 나면 그저 지식을 늘리기만 해서는 안 된다. 불필요한 지식은 점점 버려야 한다. 망각의 핵심에 대해서 이미 말했던 바와 같이, 이것으로 사고에 활력을 불어넣을 수 있다.

여기서는 일단 습득한 지식을 어떻게 버리고 정리할 것인가에 대해 생각한다.

집에 잡동사니가 많아지면 버린다. 헌 신문과 잡지가 쌓여서 거치적거리기 때문이다. 그런 것들이 쌓이면 쓰레기통에 버린다. 이걸 가지고 주저하는 사람은 없을 것이다. 잡동사니를 그냥 놔두면 인간이 살 곳이 없어진다.

일반적으로 노인은 잡동사니를 소중히 여기는 경향이 있다. 과자 상자가 근사하다며 빈 상자를 보관한다. 빈 상자가 산처럼 쌓인다. 젊은 사람은 그 상자들을 버리려고 하지만 노인은 아깝다며 양보하지 않는다.

오래된 신문, 잡지를 쓰레기 취급하고 버리는 사람도 책은 쉽게 내놓지 않는다. 어쩌면 필요할지도 모른다는 마음이 드는 것이다. 하지만 책이 넘쳐나기 시작하면 어쩔 줄 몰라 하며 다 내다 버리고 싶은 충동에 사로잡힌다. 깊이 생각하지 않고 닥치는 대로 정리한다. 이후 후련해하며 자료를 조사하다가 그 책에 자료가 있겠다고 떠오른 순간, 때는 이미 늦었다. 역시 웬만해서는 책을 팔아서는 안 된다고 후회하며, 다시 무엇이든 모아 둔다.

이런 후회를 하는 이유는 평소에 정리 방법을 생각해 본 적이 없기 때문이다. 모으는 것도 힘들지만 버리고 정리하는 것은 더욱 어렵다.

지식 습득에 대해서는 기억, 노트, 카드 만들기 등 다양한 방법을 고려하지만 정리에 대해서는 대개 아무 말도 하지 않는다. 학교에서도 지식 습득에 대해서는 시끄럽게 떠들지만, 꽉 찬 머릿속을 청소하는 방법은 전혀 가르쳐주지 않는다. 망각이라는 게 학습 못지않게, 혹은 그 이상으로 어렵다는 것을 모르는 채로 학교를 떠나는 것은 결코 행복한 일이 아니다.

잡동사니 정리조차 나중에 남겨둘 걸 그랬다고 후회할 때가 있다. 하물며 지식이나 사고에 대한 정리는 오죽할까. 나중에 도움이 되지 않을까? 라고 생각하기 시작하면 정리할 수 없다. 하지만 어떤 지식은 버려야 한다. 그걸 자연스럽게 폐기하는 것이 망각이고, 의식적으로 버리는 것이 정리다.

만일 지금 A문제에 대해 1,000장의 카드를 썼다고 가정해 보자. 이렇게 많으면 운신의 폭이 좁아진다. 무엇인가 하고 싶어도 할 수가 없다는 뜻이다. 우선 몇 가지 항목으로 분류한다. 분류하지 못한 것을 귀찮다고 함부로 버리면 안 된다.

이렇게 분류된 카드는 시간을 들여 차분히 검토한다. 서두르면 숨어 있는 가치를 못 보고 지나칠 우려가 있다. 시간에 맡기고 천천히 한다. 바쁜 사람은 정리하기에 적합하지 않다. 터무니없는 카드를 버리기 십상이다.

정리란 그 사람이 가진 관심, 흥미, 가치관에 따라 필요한 것을 체로 거르는 작업이다. 가치의 잣대가 분명하지 않은 상태에서 정리를 하면 소중한 것을 버리고 쓸데없는 것을 남기는 어리석음을 되풀이하게 될 것이다.

가치의 잣대가 있어도 고무처럼 때에 따라 늘어나거나 줄어들기도 한다면 이것 역시 몰가치적 정리라서 제대로 고를 수가 없다. 아이에게 정리를 맡길 수 없는 것도 이 때문이다. 아이뿐 아니라 다른 사람에게도 정리를 맡길 수 없는 이유가 여기에 있다. 잘 버리기 위해서는 그 사람의 개성에 따라 재검토해야 한다. 이 과정은 몰개성적으로 지식을 흡수하는 것보다 훨씬 더 어렵다.

책을 많이 읽어서 많은 것을 알고 있지만 단지 그것뿐인 인간에 머무는 이유는 자기 책임하에 정말로 재미있는 것과 일시적인 흥미를 구분하는 노력을 들이지 않기 때문이다. 지식의 재고를 끊임없이 재점검하고 조금씩 신중하게, 임시적인 지식을 버려라. 이윽고 불변의 지식만이 남게 된다면 그때의 지식은 그 자체로 힘이 될 수 있을 것이다.

이것을 가장 분명하게 보여주는 것이 장서를 처분하는 것이다. 버리는 것은 아니지만 책을 처분하는 것이 얼마나 어려운 일인지, 시도해 보지 않은 사람은 모른다. 단지 양을 많이 모았다고 해서 기뻐해서는 안 된다.

일단 쓴다

**많이 쓸수록
생각이 정리된다**

　생각을 정리하려다 좀처럼 뜻대로 되지 않아 짜증이 날 때가 있다. 자세히 조사해서 재료는 충분히 있는데, 오히려 너무 많아서 어떻게 정리해야 할지 막막한 것일지도 모른다.

　실제로 해보면 정리란 상당히 힘든 작업이라는 것을 알 수 있다. 그 귀찮은 작업을 해본 사람은 점점 정리하는 것을 꺼리게 된다. 그리고 그냥 부지런히 책을 읽는다. 읽으면 지식이 또 늘어난다. 재료는 점점 많아지지만 정리는 그만큼 한층 더 귀찮아진다. 이렇게 해서 엄청난 학구파이면서도 정리된 일을 거의 남기지 않는 사람이 생겨난다.

졸업 논문을 쓰려고 하는 학생들은 "좀 더 생각을 다듬지 않으면 글을 쓸 수 없다"고 말하곤 한다. 하지만 서두르지 않으면 시간이 촉박해져서 초조해지고, 초조해진 머리에서 좋은 생각이 나올 리 없다.

그럴 때는 "일단 써보라"라고 조언한다. 어쩌면 쓰는 것을 두려워하는 마음이 있는지도 모른다. 그래서 자신에게 핑계를 대고 글을 쓰는 것을 하루 더 미루게 되는데, 그럴수록 마감일이 다가오고 있다는 초조함도 커진다.

머릿속에서 이런저런 생각을 해도 도무지 두서가 잡히지 않아 혼란스럽다. 특히 자세히 조사해서 재료가 넘칠 때는 혼란이 가중된다. 아무리 그래도 이대로 쓸 수는 없으니 좀 더 구상을 잘해야 한다는 것이 논문을 쓰려는 많은 사람의 공통된 마음이다. 그것이 문제다.

대단한 논문을 쓰려는 부담을 갖지 말고 부담 없이 쓰면 된다. 힘을 주면 역작은커녕 피상적인 장편으로 끝나기 십상이다. 좋은 글을 쓰고 싶지 않은 사람이야 없겠지만, 생각한다고 쓸 수 있는 게 아니다. 오히려 그런 마음을 버려야 더 잘 써진다. 논문이 아니라 보고서, 리포트도 마찬가지다.

어릴 때는 정말 글씨를 잘 썼는데 어른이 되면 어쩌다 이렇게 되었나 싶을 정도로 글씨체가 초라한 사람이 적지 않다. 아마 어릴 때는 무심했을 것이다. 잘 쓰려고 하지 않으니 글씨가 오히려 거침없고 멋지다. 조금 칭찬을 받고 자신감이 붙으면 이번에는 잘 써서 칭찬받고 싶은 마음이 생긴다. 그러면 좀처럼 실력이 늘지 않는다. 글을 쓰는 것도 마찬가지로 욕심을 부리면 역효과가 난다. 아직 쓰기에는 이르다고 생각할 때도 이미 쓸 수 있다고 스스로에게 말한다. 일단 쓰기 시작하면 쓸 게 있다.

재미있는 것은 글을 쓰는 동안 머릿속에서 두서가 잡힌다는 점이다. 머릿속이 입체적인 세계가 된다. 여기저기서 동시에 많은 것이 자기주장을 하는데, 걷잡을 수 없는 상태란 느낌이 드는 이유가 여기에 있다.

쓰는 것은 선을 그리는 것과 같다. 한 번에 하나의 선만 그을 수 있다. 'A와 B는 동시에 존재한다'고 생각한다고 해도 A와 B를 완전히 동시에 표현할 수 없으며 반드시 어느 한쪽을 먼저, 다른 쪽을 뒤로 미뤄야 한다.

뒤집어 말하면 쓰는 작업은 입체적 생각을 선 위에 언어로 얹는 것이다. 익숙해질 때까지 약간의 저항이 있는 것은 어쩔 수 없지만 너무 신경 쓰지 말고 일단 써본다. 그러면 엉킨 실뭉치에서 한 가닥 실을 빼서 조금씩 풀어가듯, 생각하는 것이 점점 분명해진다.

글을 써보면 자신의 머릿속이 얼마나 혼란스러운지도 알 수 있다. 그런 경우에도 일단 써보면 조금씩이지만 두서가 잡힌다.

머릿속에 수많은 표현이 기다리고 있다. 그것이 한꺼번에 쏟아지면 어느 것부터 써야 좋을지 갈피를 잡을 수 없게 된다. 하나씩 차근차근 써나간다. 어떤 순서로 써야 하는가 하는 문제도 중요하지만 처음부터 그런 것에 신경을 쓰면 앞으로 나아갈 수 없다. 일단 써본다.

글을 쓰면 쓸수록 머리가 맑아지고 앞이 보인다. 가장 재미있을 때는 생각하지 않았던 것이 쓰는 동안 문득 머리에 떠오르는 순간이다. 그런 일이 여러 번 일어나면 좋은 논문이 나오겠다고 짐작해도 좋다.

글을 쓰기 시작하면 멈추지 말고 계속해서 쭉쭉 써내려간다. 사소한 표현상의 문제에 일일이 집착하면 기세가 꺾인다. 전속력으로 달리는 자전거는 약간의 장애물이 있어도 아랑곳하지 않고 직진할 수 있다. 하지만 느릿느릿 달리는 자전거는 돌멩이 하나에도 넘어질 수 있다.

아무리 논문이라고 해도 썼다 지우는 일을 반복하면 무슨 말을 하려는지 알 수 없게 된다. 그럴 때는 일사천리로 일단 끝까지 쓴다. 그다음에는 전체를 다시 읽어본다. 그러면 정정과 수정을 느긋하게 할 수 있다.

퇴고할 때는 부분적 수정이 아니라 구조적 변경, 다시 말해 가운데 부분을 처음으로, 혹은 마지막 부분을 처음으로 가져오는 대수술이 필요할 수도 있다. 다만 일단 끝까지 썼다는 안도감이 들어야 여유를 가지고 다른 방법을 생각해 낼 수가 있다.

첫 번째 원고가 만신창이가 되면 두 번째 원고를 만든다. 두 번째 원고가 수정한 첫 번째 원고를 그대로 베낀 것이면 재미가 없다. 새로운 생각을 가능한 한 많이 넣으려고 노력하면서 두 번째 원고를 작성하고 다시 퇴고한다. 이제 눈에 띄게 개선된 것 같으면 세 번째 원고를 작성하고, 더 이상 손댈 여지가 없을 때 비로소 완성된 원고로 만든다. 다시 쓰는 노력을 아끼지 말아야 한다. 글을 쓰면 조금씩 생각이 정리되기 때문이다. 몇 번이고 다시 쓰다 보면 사고를 승화하는 방법도 자연스럽게 터득할 수 있다.

글 쓰는 것 외에도 남의 말을 잘 들어주는 상대를 골라 생각한 것을 들려주는 것도 머리를 정리하는 데 도움이 된다. 때로는 말을 많이 해서는 안 되는 경우도 있는데, 그것과 모순되는 것 같지만 정리를 위해서는 일단 표현해 보는 것이 좋다.

원고에 쓴 것을 퇴고하는 경우에도 속으로 읽는 게 아니라 음독하면 생각이 흐트러진 부분을 바로 포착할 수 있다. 목소리도 사고를 정리하는 데 큰 도움이 된다.

『헤이케 이야기』는 일본의 대표적인 고전문학으로, 이 소설은 원래 구전되던 이야기였다. 입에서 입으로 전해 내려오는 동안 표현이 순화되어 매우 복잡한 이야기인데도 질서 있게 머릿속에 들어온다. 작가의 머리가 명석하다는 인상을 주지만, 이것은 사실 작가 한 명의 공적이 아니라 오랫동안 이야기를 전해주던 사람들의 집단적 공적으로 봐야 한다.

　사고는 가능한 한 많은 채널을 거쳐야 정리가 잘된다. 머릿속으로 생각해서는 잘 정리되지 않는 것이 글로 쓰면 분명해진다. 글을 다시 쓰면 더 간결하고 명확해진다. 다른 사람에게 말해 보는 것도 좋다. 쓴 글을 소리 내어 읽어보면 더욱 좋다. 『헤이케 이야기』의 저자가 '머리가 좋은' 것은 우연이 아니다.

주제와 제목

**생각을 제대로 정리하면
명사만 남는다**

논문이나 연구 발표 제목 중에는 세세한 규정이 달린 제목이 있다. 예를 들어 '헤밍웨이의 문체의 특징, 특히 초기 작품에서 형용사 사용에 대한 고찰'과 같은 것이다.

제목에 '헤밍웨이의 문체'라고만 적혀 있다면 내용은 실제로 읽어보고 판단해 달라는 의미다. 반면 앞의 예처럼 자세한 단서가 달려 있으면 그 논문이 무엇을 말하려고 했는지 짐작할 수 있어 편리하다. 동시에 너무 속내를 드러내면 오히려 흥미를 덜 끌 수 있다는 단점도 있다. 오히려 '헤밍웨이의 문체'로 놔두는 편이 함축적이어서 흥미로울지도 모른다. 너무 자세히 규정하면 자잘한 느낌이 들어서 실제로는 대충 제목을 붙이는 것을 선호한다.

논문을 쓰려는 학생에게 어떤 내용을 쓰고 싶은지, 주제는 무엇인지 물어보면 막힘없이 떠들어댄다. 5분이 지나도, 10분이 지나도 말이 끝나지 않는다. 듣고 있는 쪽에서는 도대체 무슨 생각을 하는지 점점 알 수 없어진다.

이것은 아직 구상이 되지 않았다, 생각이 여물지 않았다는 것을 폭로하는 것이다. 일부에서는 이런 경우에 가능한 한 자세하게 말하는 것이 좋다는 오해가 있는 것 같다. 다시 말하지만 길게 설명할수록 생각이 정리되지 않은 것이다. 곰곰이 생각해 보면 저절로 중심이 좁혀진다. '헤밍웨이의 문체의 특징, 특히 초기 작품에서 형용사 사용에 대한 고찰'의 경우도, '헤밍웨이의 형용사'라고 하는 편이 오히려 글쓴이의 의도를 잘 전달하는지도 모른다.

대체로 수식어를 많이 달면 표현이 약해지는 경향이 있다. '꽃'이라고만 해도 되는 데 '붉은 꽃'이라고 하면 오히려 함축성이 떨어진다. '불타는 듯한 새빨간 꽃'이라고 하면 더욱 한정된 뜻만 전해진다. 수식을 많이 하면 의미가 세밀해지기도 하지만 부주의하게 사용하면 전달력을 떨어뜨릴 수도 있다. 또 읽는 사람에게 불쾌한 느낌을 줄 수도 있다.

오랫동안 전해져 내려오는 옛날이야기에는 형용사가 별로 없다. '꽃'은 '꽃'이지 '불타는 듯한 새빨간 꽃'은 거의 나오지 않는다. 명사 중심이다.

표현을 최대한 순화하면 명사에 이른다. 제일 먼저 부사가 삭제된다. 연구 논문의 제목에 '극히', '신속하게' 같은 부사가 사용되는 것은 예외적이다. 부사 다음으로 형용사도 꼭 필요하지 않으면 빼는 편이 산뜻하다. 사고의 정리는 명사를 중심으로 한 제목이 만들어졌을 때 완성된다. 이를 그림으로 나타내면 아래와 같다.

전체가 이렇게 정리되었다고 하자. A에서 F로, 단계적으로 추상화가 된다. 가장 아래에 있는 A는 문장 하나하나를 말하며 몇 개의 A가 모여 단락을 이룬다. 이것이 B다. B가 모여서 섹션 C를

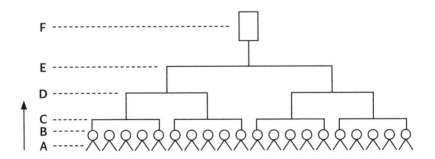

형성하고, 이것이 다시 모여 챕터 D가 된다. 그 위에는 제1부, 제2부로 구성된 E가 오고, 마지막으로 전체를 정리하는 표제 F가 온다.

거꾸로 말하면 F라는 주제는 제1부와 제2부로 나뉘고 몇 개의 챕터로 구분된다. 그것은 다시 세분화되어 단락이 되고, 마침내 하나하나의 문장이 된다. 이 구성을 한눈에 볼 수 있게 표현한 것이 숫자 표기법이다. 예를 들어 제1부, 제1장, 제1절은 '1·1·1'로, 제2부, 제2장, 제3절은 '2·2·3'로 표시된다.

미국의 학술서 등에서 널리 쓰여 눈에 익은 친숙한 표기지만 일반적이지는 않다. 추상의 사다리를 타고 올라가 주제나 제목에 이르는 것을 이처럼 분명히 하는 방법은 없다. 실제로 그런 구성으로 글을 쓸 건지 말 건지와는 별개로, 생각을 정리할 때 참고하기 좋다.

'헤밍웨이 문체의 특징, 특히 초기 작품에서 형용사 사용에 대한 고찰'이라는 제목이 붙어 있으면, 이 제목이 무엇을 의미하는지 이해하는 게 어렵지는 않다. 하지만 '헤밍웨이의 형용사'라는 제목이 달린 논문에서는 그 형용사가 무엇을 의미하는지 알기 어렵다. 이 제목만 보고 내용을 상상하면 예상을 빗나가는 일이 없다고 할 수 없는 것이다.

그래서 본문을 읽어볼까, 하는 마음을 불러일으킨다. 앞의 긴 제목이라면 그것만으로도 이미 알 수 있을 거라 생각해서 오히려 읽어볼 마음이 들지 않을지도 모른다.

학술 연구가 아닌 일반 서적의 제목인 경우, 더더욱 내용을 추측하는 단서가 되기 어렵다. 책의 제목을 보고 그 책이 어떤 책이라고 단정 짓는 건 대개 위험하다.

미카미 아키라라는 뛰어난 문법학자가 있었다. 그의 주요 저서 중에 『코끼리는 코가 길다』라는 책이 있다. 서점에서는 당연히 동화책인 줄 알고 어린이책 코너에 꽂아 두었다. 동화책인 줄 알고 사는 손님이 있을 수도 있다. 하지만 이 책은 문법론을 다룬 학술 서적이다.

「영어 청년」이라는 전통 있는 영문학 잡지가 있다. 중학생이 잡지 이름에 이끌려 사서 읽으려다가 내용이 어려워 읽을 수가 없다고 편집부에 항의 엽서를 보냈다는 일화도 있다.

어쨌든 제목은 의심해 봐야 한다. 특히 외국 책의 제목만 보고 이 책은 이러이러한 책이라고 단정하는 것은 너무 성급한 일이다. 처음에는 제목의 진정한 의미를 잘 몰라도 전체를 읽고 나면 더 이상 설명할 필요도 없이 자연스레 알게 된다.

사실 책 제목은 내용이 다 완성된 뒤에 마지막에 붙이는 경우가 적지 않다. 신문이나 잡지에 기고하는 원고에는 일부러 제목을 붙이지 않기도 한다. 편집부에 맡긴다는 의미다. 제목 하나로 문장이 살기도 하고 죽기도 한다. 주제를 명시하거나 상징하니 그만큼 중요한 것이다.

미국에서 나온 논문 작성 지도서에 '주제는 한 문장으로 표현되어야 한다'는 주의가 있었는데 재미있다고 생각해서 기억에 남는다. 앞에서 말한 것처럼 주제를 설명하라고 하면 10분이고 15분이고 떠들어대는 상태에서는 단문으로 정리할 수 있을 거라고 기대하기 어렵다.

한 문장으로 표현할 수 있다면 그 안에 있는 명사를 따서 표제로 삼는 것은 아무것도 아닐 것이다. 사고 정리의 궁극은 표제인 셈이다.

칭찬

생각은 칭찬받는 순간
활기를 띤다

생각을 하는 것은 '일'을 하는 것과는 다르게 결과가 잘 나오지 않는다. 일이라면 척척 처리되지만 생각은 아무리 시간이 흘러도 진척이 없는 경우가 적지 않다. 같은 곳을 맴돌다 보면 이거 안 될 수도 있겠다는 생각도 든다. 그런 경우 너무 골똘히 생각하는 것은 좋지 않다. 생각이 막히면 잠시 바람을 쐰다.

그리고 반드시 할 수 있다고, 곰곰이 생각하면 언젠가는 분명히 막힌 생각이 뻥 뚫릴 거라고 자신에게 암시를 건다. 뭔가 잘못되더라도 나는 이제 안 돼, 라고 생각하지 말아야 한다. 그렇게 소극적이면 할 수 있는 일조차 하지 못하게 된다. 일단은 할 수 있다고 스스로에게 되뇌어야 한다.

이런 빤한 속임수가 도움이 되느냐고 비웃는 사람이 있을지도 모르지만, 말로만이라도 이제 안 된다고 말하면 정말로 힘이 빠지는 법이다. 자기 암시가 효과적으로 작용하는 것은 그 때문이다.

사고는 지극히 섬세한 것이다. 앞에서 말한 것처럼 좋은 생각이 떠오른다고 해도 그때그때 잡아두지 않으면 나중에 아무리 생각해 내려고 해도 다시는 모습을 드러내지 않을 수 있다. 반쯤 취한 상태로 시를 짓던 시인이 말하길, 어떤 사람이 찾아와서 작업이 중단되면 그때까지 지은 시가 완전히 사라져서 두 번 다시 그 흐름을 재현할 수 없었다고 한다.

생각이 재미있는 방향으로 흘러가고 있었는데 전화벨이 울리기도 한다. 그 순간 생각의 실마리가 뚝 끊어져 단서가 사라져 버린다. 심지어 전화를 받고 잠시 이야기를 나누면 다시 책상으로 돌아왔을 때 다른 사람이 되어 있기도 한다. 조금 전에 무슨 생각을 했는지 까맣게 잊어버리고 만다. 원고를 쓰다가 전화를 받을 때도 마찬가지다. 통화를 마치고 다시 쓰려고 해도 그때까지 뭘 생각했는지 알 수 없어 혼란스러운 경우도 종종 있다.

그 정도로 모습을 감추기 쉬운 것이 생각이란 놈이다. 모처럼 생각해 낸 착상이 다른 사람에게 단칼에 부정당하면 심한 상처를 받는다. 한동안 머리를 내밀지 않을 것이고, 어쩌면 영원히 묻힐지도 모른다.

그런 경험을 몇 번이나 반복하다 보면 다른 사람의 생각에 대해서 부주의하게 말해서는 안 된다는 것을 깨닫게 된다. 자신의 생각에 자신감을 지니고, 이것으로 충분하다고 스스로에게 말하는 것만으로는 충분하지 않다. 다른 사람의 생각에도 긍정적인 자세를 취해야 한다. 어떤 것이든 마음먹고 찾으면 얼마든지 좋은 점을 찾을 수 있다. 다른 사람의 생각을 듣고 좋다는 생각이 들 때는 솔직하게 감탄하고 칭찬해야 한다.

잘 모를 때도 "전혀 모르겠는데요" 하고 찬물을 끼얹는 말은 해서는 안 된다. "어려워 보이지만 왠지 재미있을 것 같은데요?"라고 하면 같은 상황에서도 받는 느낌이 완전히 달라진다. 훌륭한 교육자, 지도자는 어딘가 좋은 점을 찾아내고 거기에서 길을 만든다. 비판을 받는 쪽에서는 다소 폄하를 당하더라도 칭찬을 받은 것에 의지하여 희망을 유지할 수 있다.

전면적으로 부정하면 당하는 쪽은 더 이상 일어설 기운도 없다. 스스로에게 안 된다고 말하는 것도 타격이 심한데, 하물며 다른 사람에게 안 된다는 말을 들으면 눈앞이 캄캄해진다.

각자 자신의 과거를 돌아보며, 이 자리까지 올 수 있었던 것이 누구 덕분인지 생각해 보면 대개 칭찬해 준 사람이 떠오른다. 어떤 노배우는 칭찬을 받아 이렇게 성장할 수 있었다고 절절히 호소한다. 그는 칭찬이 담긴 비평에 힘입어 성장했고, 야유를 받은 것에는 거의 득을 보지 못했다고 했다.

친구도 칭찬해 줄 사람을 골라야 하는데, 이게 좀처럼 쉽지 않다. 머리가 좋은 사람일수록 결점을 잘 찾아내고 장점을 발견하는 데 서툰 것 같다.

칭찬을 받으면 우리의 머리는 우쭐해지고, 자기도 모르게 기세가 올라 생각지도 못한 아이디어가 튀어나온다.

'피그말리온 효과'라는 게 있다. 40명의 학생이 있는 학급을 20명씩 A, B 두 그룹으로 나눈다. 학력은 A, B 평균으로 동일하게 유지하고 첫 번째 시험을 치른다. 시험을 본 후 A그룹에게는 채점한 답안지를 돌려주지만, B그룹에게는 주지 않는다. 교사는 답안지를 보지도 않고 학생들을 일일이 불러 시험 성적이 좋았다고 말한다. 물론 엉터리다.

잠시 후 두 번째 시험을 본다. 예전처럼 A그룹에는 채점한 답안지를 돌려주고, B그룹에는 한 사람 한 사람을 불러 이번에도 답안지를 보여 주지도, 돌려주지도 않은 채 잘했다고 칭찬한다. 학생들은 다소 의아하게 생각하지만 칭찬받는 것도 나쁘지 않으니 일일이 캐묻지 않고 그냥 내버려둔다.

이런 일을 몇 번 반복하고 나서 이번에는 모든 학생의 답안지를 채점하고 A와 B그룹의 평균 점수를 내보았다. 그러자 칭찬을 받은 B그룹의 점수가 A그룹보다 올라갔다. 피그말리온 효과라고 하는 것이다.

전혀 근거 없는 칭찬을 해도, 그 거짓말이 뜻밖에 사실이 되기도 한다. 하물며 조금이라도 근거가 있는 칭찬이라면 반드시 피그말리온 효과가 일어난다. 주위에 칭찬해 주는 사람이 있으면 평소에는 수줍고 겁 많은 생각도 마음을 놓고 슬쩍 고개를 내민다. 분위기를 무시할 수 없다. 분위기가 좋지 않으면 좋은 아이디어를 얻기 어렵다. 생각을 하다가 진척이 없을 때 끙끙 앓는 것이 가장 좋지 않다. 점점 자신감을 잃어가기 때문이다.

논문이나 어려운 원고를 쓰는 사람 중에도 서재에 틀어박혀 열심히 공부하는 타입과 특별한 용무가 없어도 이따금 사람을 만나는 타입이 있다. 언뜻 보기에는 방에서 떠나지 않는 사람이 양질의 논문을 쓸 것 같지만, 실제로는 사람을 자주 만나는 사람이 더 좋은 논문을 쓰는 것 같다.

동료와 이야기를 나누다 보면 다들 "난 안 돼"라고, 반쯤은 입버릇처럼 말한다. 그 말을 듣고 있으면 나만 고생하는 건 아닌 것 같아서 아직은 괜찮은 편일지도 모른다는 생각이 든다. 간접적으로 칭찬받는 셈이다. 집에 돌아가면 의욕이 솟아난다. 그러니 혼자서 끙끙 앓으며 고민하는 것은 피해야 한다.

다른 사람과 이야기할 때는 칭찬해 주는 사람을 만나야 한다. 비평은 날카롭지만 좋은 점을 보는 눈이 없는 사람은 멀리한다. 빤히 보이는 아첨 같은 말을 들으면 좀 어떤가. 어떤 사람들은 진실을 직시하라고 말하지만, 그것은 초인적인 용기가 필요하다. 평범한 사람은 뻔한 말이라도 칭찬을 받으면 힘을 얻고, 입에 발린 말이라는 것을 알면서도 기분이 좋아진다. 그것이 사람의 마음이 아닐까.

우리는 정말로 입에 발린 말을 하는 걸 쑥스러워한다. 속이 들여다보이는 말을 하는 걸 부끄러워한다. 하지만 인사를 문자 그대로의 의미로 쓰는 사람은 없다. 늦잠 잔 사람에게도 사람들은 "좋은 아침"이라고 말한다. 칭찬은 최상의 인사이고, 그에 따라 칭찬받은 사람의 사고는 활기를 띠게 된다.

V

발화

말을 아끼지 말아야 할 때,
아껴야 할 때

소리 내어 말하면 머리가 다르게 작동하는 듯하다. 그리스 철학자가 산책이나 대화 중에 사색의 깊이가 깊어진 것도 우연이 아닌 것 같다. 말 한마디 없이 심사숙고하면 종종 생각이 꽉 막혀서 빠져나오지 못할 수도 있다. 소리로 생각하는 것은 현대인에게도 유효하다.

완성된 원고를 다시 읽고 손본다. 원고를 쓸 때는 묵묵히 쓰지만 다시 읽을 때는 소리 내어 읽는다. 전부 그렇게는 못하겠지만 적어도 소리를 낸다고 생각하며 읽는다. 이를 방침으로 삼은 사람이 의외로 많다. 읽다가 막히는 부분이 있으면 거기에 반드시 문제가 숨어 있다. 그러면 다시 생각해 봐야 한다. 소리 내지 않고 눈으로만 다시 읽으면 대개 이런 부분을 놓치고 만다. 소리는 눈으로 읽어서 찾지 못하는 문장의 구멍을 발견한다. 목소리는 의외로 현명하다.

앞에서 『헤이케 이야기』가 '머리가 좋다'고 썼는데, 이 역시 목소리에 의해 이야기가 잘 다듬어진 것으로 보인다. 소리 내어 읽어봐도 막히는 데 없이 몹시 유려하다. 아마도 사람들의 목소리를 통해 무수한 퇴고를 거치며 그런 결정적 순도에 도달했을 것이다. 소리로 생각하는 것의 중요성을 새삼 깨닫게 된다.

이처럼 목소리를 통해 생각이 순화되는 예도 있지만, 그렇다고 해서 무엇이든 말해도 된다고 할 수는 없다. 예를 들어 평범한 아이디어가 하나 떠올랐다고 하자. 흥분되고 기분이 좋아진다. 친구를 만나면 이야기하고 싶어서 입이 근질근질하다. 그런데 신이 나서 말해도 상대가 제법 괜찮은 인물이거나 이런 점에 경험이 풍부한 사람이 아니면, 대개는 대수롭지 않다는 반응을 보인다. 혹은 말로는 그렇게 표현하지 않더라도 그런 표정을 짓는다.

충분히 재우고 잘 치대서 이미 발효된 술과 같은 착상이나 주제라도 냉대를 받으면 그 상처가 이루 말할 수 없다. 하물며 갓

나온 따끈따끈한 아이디어가 이런 대접을 받으면 어떻겠는가. 새싹은 싹이 잘려서 다시는 고개를 들지 못할 것이다. 그러므로 새로운 아이디어를 남에게 함부로 떠벌려서는 안 된다. 상대가 마음을 터놓고 지내는 친구라도 마찬가지다. 선배나 스승이라면 타격은 더욱 심해진다.

학생들은 종종 논문 주제에 대해 상담하러 온다. 어떻게 해야 좋을지 도무지 모르겠으니 어쨌든 조언해 달라고 한다. 말도 안 되는 이야기지만 학생으로서 잃을 것도 없으니 무슨 말을 들어도 마음이 편하다.

하지만 좋은 생각이 떠올랐다고 무턱대고 선생님의 의견을 들으려 찾아가는 것은 매우 위험한 일이다. 학생들에게 선생님은 친구와 달리 '권위'가 있다. 선생님이 듣고 감탄하면 용기백배하겠지만, 만약 별로라고 일축하면 어떻게 할 것인가? 이는 돌이킬 수 없는 일이다. 그러니 좋은 생각이 떠오르면 웬만해서는 입에 담지 말고, 혼자서 품고 재운 뒤 순화를 기다리는 것이 현명하다. 그 사실을 모르고 얼마나 곤욕을 치렀는지 모른다. 만약 선생님도 그런 상황에서 뱉는 아무렇지도 않은 한마디가 어떤 파괴력을 가졌는지 알지 못한다면 다른 사람을 지도할 자격이 없다.

냉정한 비평으로 어렵게 자란 아이디어의 싹이 잘릴 위험에

처하는 것 외에도, 아이디어를 함부로 입 밖에 내서는 안 되는 이유가 있다. 말을 하면 머리의 내압이 내려가고 막힌 속이 뚫리는 듯한 쾌감이 느껴진다. 그리고 계속 생각하려는 의욕을 잃어버린다. 혹은 글로 써서 정리하려는 기력이 없어진다. 말하는 것이 이미 훌륭한 표현 활동이라서 그것으로 만족하는 것이다. 그러므로 우리는 일부러 입을 다물고 표현에 대한 내압을 높여야 한다. 생각은 역시 소중히 간직해야 한다.

출판 편집자 중에는 작가 지망생이 아주 많다. 그런데 편집이란 일이 일종의 표현 욕구를 만족시키는 걸까, 머지않아 글을 쓰고 싶은 마음이 사라지는 일이 적지 않다. 작가가 되고 싶은 사람이나 글을 쓰려는 사람에게 편집은 꽤 위험한 일이라고 할 수 있다.

영국 시인 로버트 그레이브스는 다른 시인에게 이런 충고를 했다. "시만으로는 먹고살 수 없다. 시인은 생계를 꾸리기 위해 일을 해야 하지만 너무 문학과 인연이 깊은 직업은 다시 생각해 봐야 한다. 그래도 출판사에서 일하고 싶다면 편집부보다는 물류부가 낫다". 창작에 대한 에너지는 보상행동으로 대체되기 쉽다는 것을 간파한 말이다.

'말도 잘하고 일도 잘한다'라는 말이 있지만, 말주변이 좋은 사람은 입을 놀리는 데 만족하여 실제 행동은 하지 않는 경우도 있다. 생각을 말하는 것도 마찬가지로 함정에 빠지는 행위다. 생각한 것을 섣불리, 성급하게 말해서는 안 된다. 그렇다고 해서 방에 틀어박혀 있으라는 말은 아니다. 역시 담론을 나누는 동안에 생각지도 못한 묘안을 얻는 경우가 종종 있다.

얻은 착상 자체를 말해서는 안 된다고 앞에서 말했다. 그것은 소중히 간직해야 할 아이디어다. 그와는 관계없는 잡담을 하는 게 좋다. 화제는 속세를 벗어난 것으로 고른다. 속세를 벗어난 지적 대화란 우선 가까운 사람의 이름이나 고유명사를 꺼내지 않는 것이다. 공통 지인의 이름이 나오면 아무래도 대화가 가십으로 끝난다. 가십은 해만 있고 득은 없다.

또 과거형 동사로 말하지 않는다. '……였다', '……했다'라고 하면 왠지 가십처럼 들린다. 대신 '……아닐까?', '……라고 생각할 수 있다'와 같은 표현을 사용하면 창조적인 생각이 우러나오기 쉽다.

그리고 같은 업종, 같은 분야를 전공하는 사람끼리 이야기를 나누면 아무래도 대화 폭이 좁아지기 쉽다. 화제가 어느새 전문적인 이야기로 흐르기 때문이다. 지식을 편히 얻을 수 있는 것은 좋지만, 서로 경계할 때는 재미있는 발상이 튀어나오지 않는다.

서로 잘 알면서도 거리가 조금 있는 사람들이 모여 현실과 동떨어진 이야기를 해야 촉매 작용에 의한 발견을 기대할 수 있다.

세렌디피티와 같은 착상도 가능해진다. 무엇보다도 생생하고 역동적인 사고를 할 수 있어 즐겁다. 이런 친구들이 많으면 시간 가는 줄 모르고 이야기를 나눌 수 있다.

의도하지 않았지만 이야기는 처음부터 샛길로 빠진다. 샛길로 빠진 이야기가 또다시 샛길로 빠지며 처음에는 전혀 예상하지 못했던 방향으로 이야기가 펼쳐진다. 신나게 떠들다 보면 자신도 깜짝 놀랄 만한 말이 입에서 튀어나온다.

소리는 생각하는 힘을 가지고 있다. 우리는 머리로만 생각하는 것이 아니라 말하고, 말하면서 동시에 소리로도 생각해야만 한다.

담소

**어떤 사람들과
대화할 것인가**

얼마 전 삼인회를 열자는 이야기가 나와서 도쿄의 한 호텔을 예약했다. 밤새 이야기를 나누려고 트윈룸에 보조 침대도 들여왔다. 그런데 그 직전에, 가장 열심히 이번 회합을 추진했던 친구가 못 갈 것 같다고 말을 꺼냈다. 확실히는 모르지만 학교에 중요한 위원회가 있다고 한다. 공교롭게도 그는 위원장을 맡고 있었다. 출장 중에 날짜를 정해버려서 어쩔 수 없었다며 울먹이는 목소리로 전화했다. 어쩔 수 없이 둘이서만 모임을 가졌다. 둘이 호텔에서 밤새 이야기를 나눴다. 한 명이 빠져서 그런지 역시

나 쓸쓸했다. 여름방학에 위원회를 여는 학교가 원망스러웠다.

자랑은 아니지만 우리 삼인회는 벌써 30년의 역사를 가졌다. 위원장인 친구는 일본 문학, 다른 친구는 중국 문학, 나는 영문학 전공이다. 1948년쯤 우리 셋은 도쿄고등사범학교 부속중학교 동료 교사였다.

나는 어떻게든 새로운 분야를 개척하고 싶었다. 외국 문학 연구가 늘 본국 학자의 뒤를 따르는 작가론, 작품론에만 머물러서야 되겠는가. 외국인은 특별한 방식으로 글을 읽는 극한의 독자다. 문학작품은 그런 극한의 독자도 이해할 수 있기에 비로소 존재한다. 적어도 위대한 작품은 어떤 독자에게도 냉담한 얼굴을 보이지 않는다. 그렇다면 외국 문학 연구는 지금까지 생각해 본 적이 없는 독자론을 지향해야 한다.

젊은 혈기를 가지고 나만의 독자적인 독자론을 구상했고 꽤나 자신이 있었다. 어느 날, 가장 존경하는 동문 선배 두 명과 회식을 했다. 선배라 해도 그다지 나이 차이가 나지 않는 젊은 학자들이었다. 내 구상을 찬성하고 응원해 줄 것이라 생각하고 독자 연구의 필요성을 제기해 보았다. 그런데 두 사람은 입을 모아 안 된다고 결론을 내렸다. 말문이 막히고 더 이상 말할 용기가 나지 않았다. 앞서 새로운 아이디어를 함부로 남에게 말해서는 안 된다고 말한 이유다. 이런 경험은 한 번으로 족하다.

다시 독자론을 생각해 보자고 생각한 것은, 그로부터 5~6년이 지난 뒤였다. 그때까지 생각을 재워둔 것이니 결코 시간을 낭비한 것은 아니었다.

친구 셋이 모여 잡담을 하자고 이야기가 나온 것은 선배에게 일격을 맞고 풀이 죽어 있을 때였다. 그 무렵에는 모임 장소가 따로 있지 않았다. 세 사람의 집을 돌아가며 모임 장소로 삼았다. 회비는 100엔이었다. 그 돈으로 초밥을 시켜 먹고 차를 마셨다. 오후 1시쯤 만나서 저녁으로 초밥을 먹고 다시 이야기를 나누다가 밤 10시쯤에야 겨우 아쉬움을 뒤로 하고 헤어졌다. 그런 만남을 일 년에 네다섯 번 정도 가졌는데, 어느 틈엔가 삼인회라고 부르게 되었다.

친구들에게 조심스레 독자론에 관한 생각을 꺼낸 적이 있다. 두 친구 모두 관심을 두고 질문해 주었는데, 그중에는 새로운 힌트를 얻을 수 있는 것도 있었다. 일본 문학 친구도 중국 문학 친구도 관심을 가지고 들어준 덕에 삼인회가 끝나고 나면 늘 마음이 들뜨곤 했다. 거기서 나눈 잡담을 소재로 몇 편의 원고를 썼는데, 다른 두 사람도 마찬가지였다.

내가 먼저 부속중학교를 그만두고, 이어서 일본 문학 친구가, 마지막으로 중국 문학 친구가 그만두면서 세 사람 모두 도쿄교육대학 문학부에 속하게 되었다. 그 10년 조금 안 되는 시간이

175

삼인회에게는 가장 행복한 시기였다. 교수회에서 돌아오는 길에 차를 마시다 즉석에서 삼인회가 열린 적도 있었다.

얼마 후 도쿄교육대학 이전을 둘러싸고 큰 소동이 벌어졌는데, 하필 대학 분쟁과 맞물려 큰 혼란에 빠졌다. 이전 문제가 복잡해지기 시작했을 때 나는 재빨리 지금의 대학으로 옮겨 왔다. 두 사람은 마지막까지 신념을 굽히지 않아 고생했지만 결국 일문학자, 중문학자 모두 다른 곳으로 적을 옮겼다. 그러고 나서 벌써 10년이 흘렀다. 세 사람이 뿔뿔이 흩어져서 마음대로 만날 수가 없었다. 물론 회비 100엔으로 할 수 있는 것도 없었다.

세 사람 중 누군가가 "모임을 열자. 들려주고 싶은 얘기가 있어"라고 말하면 각자 자기 집은 안 된다며 이리저리 핑계를 댔다. 그래서 모임 장소는 주로 서로 오가기 수월한 도쿄가 되었다. 얼마 전 중국 문학을 전공한 친구와 헤어질 때, 다음에는 좀 더 실컷 떠들어보자며 서로 웃었던 기억이 난다. 두 사람만으로도 즐겁고, 세 사람이라면 더욱 즐겁다.

나는 이런 경험들을 통해 같은 전문 분야의 사람들이 모이면 이야기가 비판적으로 되어 재미가 없다는 것을 알았다. 그래서 각자 다른 일을 하는 사람들이 이야기하는 게 좋다는 신념에 도달했다. 이것을 내 멋대로 '로터리 방식'이라고 부르고 있다.

세계평화와 사회봉사를 목적으로 하는 국제 단체인 로터리클

럽은 하나의 지부 안에서 한 직종당 한 사람이 원칙인 모양이다. 같은 지부에 동업자가 없다. 이것이 친목의 조건이 된다. 그러고 보니 우리 삼인회는 그야말로 로터리 방식이다.

반면 같은 학문을 전공하는 학자들이 수십 년 동안 창의적인 잡담을 한 사례도 있는데, 이는 로터리 방식이 절대적이지 않음을 의미한다.

로겔기스트(Logergist)는 구성원 모두가 일본 최고의 물리학자들로 매달 한 번씩 정기적인 모임을 갖는다. 화두는 인간, 자연 전반에 걸쳐 다채롭다. 그 기록을 정리해서 중앙공론사의 잡지 「자연」에 실었는데, 그 글이 모여 『물리의 산책길』, 『신 물리의 산책길』 등이 되었고 벌써 여덟 권이 되었다.

이 모임을 내 책 『지적 창조의 힌트』에서 소개한 적이 있다. 그 글이 『신 물리의 산책길 제4권』의 머리말에 인용됐다.

"같은 분야의 학자들이 모여 훌륭한 성과를 거두는 예가 없는 것은 아니다. 로겔기스트라고 하면 예전에는 어느 나라 사람인지 의아해하는 사람도 있었지만 지금은 알 만한 사람은 다 아는 물리학자 모임으로 발전했다. 매달 정기 모임을 여는 월광회처럼 멤버들의 집을 돌아가며 모임 장소로 쓰는 점도 마찬가지다. (중략)

나도 그 분위기를 살짝 접할 기회가 있었는데 월광회를 연상

하지 않을 수 없었다. 로겔기스트의 책은 종합적으로 신선한 자극을 주었다. (중략)

로겔기스트는 같은 전문 학자들이 모여 훌륭한 성과를 올린 예지만, 멤버는 상당히 마음이 넓은 사람들임이 틀림없다. 어지간히 끈끈하고 따뜻한 우정으로 맺어져 있는 게 분명하다."

본문에는 월광회에 이런 주석이 달렸다.

"월광회는 1770년대 버밍엄에서 한 달에 한 번 보름달이 뜨는 밤에 모였던 모임의 명칭이다. 산소를 발견한 조지프 프리스틀리, 증기기관을 발명한 제임스 와트, 엔진을 제작한 매튜 볼턴, 가스등을 발명한 윌리엄 머독, 인쇄업자 존 바스커빌, 천문학자 윌리엄 허셜 등이 단골이며, 그 중심적 존재는 이래즈머스 다윈이다. 이 사람은 진화론을 제창한 찰스 다윈의 할아버지다."

인브리딩

**비슷한 것은
영향을 미치지 못한다**

월광회에서는 각자 전문 분야가 있어도 거기에 얽매이지 않았다. 목사님이 영문법의 미비함을 논하고 문법책을 써서 출판하는 일이 드물지 않았다.

인브리딩(inbreeding)이라는 말이 있다. 동족번식, 근친교배, 근친결혼을 말한다. 닭도 같은 부모에게서 태어난 새끼끼리 교배를 계속하다 보면 금세 열성이 되어 알도 낳지 못하며 몸집도 작고 약해진다. 인간에게도 마찬가지로 근친결혼은 달갑지 않은 유전적 문제를 일으키므로 어느 나라에서나 가까운 친척이나 동족간의 결혼을 금지한다. 인브리딩은 그만큼 위험하다.

동화 '모모타로 이야기'에는 인브리딩을 경계하는 교훈이 담겨 있다. 복숭아에서 태어난 모모타로가 개, 원숭이, 꿩의 도움으로 도깨비를 물리쳐 그들의 보물과 보화로 할머니, 할아버지와 행복하게 산다는 내용이다.

이야기 중에 할머니가 강에서 복숭아를 주워 오는 장면이 있다. 이것은 밖에서 신부를 맞이한다는 상징일 것이다. 복숭아가 여성을 나타낸다는 것은 일반적으로 널리 쓰이는 클리셰다. 강을 따라 흘러온 복숭아는 인연도 연고도 없는 '떠돌이 여자'다. 사람들은 '떠돌이 여자'를 받아주지 않는다. 그래서 강을 따라 흘러온 복숭아라고 한 것이다.

그 복숭아에서 건강한 모모타로가 태어난다는 것은 우생학상의 지식을 구체적 예로 든 것에 지나지 않는다. 반대로 말하면 옛날 사람들이 인브리딩에 얼마나 큰 해를 입었는지를 보여 주는 증거다.

생물학적으로 인브리딩이 좋지 않다면 지적 분야에서도 좋을 리가 없다. 기업도 혈족끼리 자리를 차지하고 있으면 기업의 뿌리가 약해진다. 그래서 옛날 상인들은 대대로 양자를 들여 새로운 피를 주입하는 것을 가헌으로 삼은 곳이 적지 않다. 비슷한 것끼리는 영향을 주고받을 수 없다는 말이 있는데, 그래서인지

동족끼리 뭉치면 아무래도 활력을 잃기 마련이고 결국은 몰락한다.

새로운 사고를 창출하는 데에 인브리딩은 바람직하지 않다. 그런데도 현대의 전문화, 지적 활동을 보면 비슷한 것들을 한데 모아놓는 경우가 많다. 대학 조직은 같은 분야의 전문가를 묶어놓고 거기에 학생을 소속시켜 학부, 학과로 구성한다. 활발한 지식을 창조하는 데 매우 불편한 환경이라고 할 수 있다. 전통이 오래된 대학이나 학과일수록 생생한 활력이 보이지 않는 이유는 인브리딩의 해로움을 그만큼 강하게 받았기 때문일 것이다.

그와 대조적인 곳이 신설 대학이나 연구기관이다. 전공이 같아도 그때까지 다른 곳에 있었다는 것만으로 이질적인 요소가 크게 작용한다. 인브리딩의 폐해도 그만큼 덜하다.

스코틀랜드의 월광회가 눈부신 업적을 올린 것도 각자가 다른 일을 전문으로 했다는 점이 크게 작용했을 것이다. 인브리딩에 대한 걱정이 전혀 없었다. 그래서 모모타로처럼 강인하고 씩씩한 지적 창조가 가능했다.

브레인스토밍이라는 집단 사고 기법이 미국에서 소개되어 기업 등에서 주목받은 적이 있다. 몇 명이 팀을 만들어 문제를 내고 각자가 그에 대한 해결책을 생각난 대로 최대한 많이 내놓는다. 예를 들어, 건물 A와 B가 서로 연락할 방법을 찾는 주제로 브레인스토밍을 한다고 치자. 메신저를 오가게 한다, 연결 통로로 옥상과 옥상을 연결한다, 케이블로 연결한다 등등 뭐든지 생각나는 대로 말한다.

기록 담당자는 닥치는 대로 메모를 한다. 실현 가능성이 없는 기상천외한 아이디어도 많이 나오겠지만 브레인스토밍의 '규칙'에 따르면, 아무리 이상한 생각이라도 다른 사람들이 그것을 시시하다거나 비현실적이다거나 하는 말로 방해해서는 안 된다. 비판적인 말을 하면 머릿속에 떠오른 아이디어가 쏙 들어갈 수 있기 때문이다.

앞에서 괜히 다른 사람에게 말하면 재미있는 주제를 망칠 수 있다고 했다. 우리 머리에서 나오는 생각이라는 아이는 아주 겁이 많아서 사소한 일에도 겁을 먹고 어디론가 달아나 버린다. 어지간히 잘 꾀어내지 않으면 잡을 수가 없다.

브레인스토밍은 이렇게 다양한 생각을 끌어내지만, 처음에 나오는 생각은 대부분 상식적이고 그다지 재미있는 것이 아니다. 이제 거의 다 나왔다고 하는 순간에, 더 머리를 쥐어짜서 나오는 것이 정말 새로운, 지금까지는 꿈에도 생각하지 못했던 아이디어다.

조금 생각하다가 막히면 포기할 생각부터 한다. 그러면 정말로 좋은 생각이 떠오르지 않는다. 이제 틀렸어, 하고 반쯤 체념

한 상태에서도 포기하지 않고 계속 생각하면 훌륭한 착상을 얻을 수 있다. 조급해서는 안 된다. 끈기가 필요하다.

월광회도 미국식으로 말하면 브레인스토밍이 훌륭한 팀이었고 로켈기스트 그룹도 마찬가지다. 일본 사람들은 친구를 사귈 때 대부분 감성을 중요하게 여긴다. 술자리를 가질 수는 있지만 지적인 향연을 길게 지속하는 데는 서툴다. 그런 점에서도 로켈기스트는 눈부신 존재다. 인간과 인간 사이의 브레인스토밍을 부추기고, 같은 전문가끼리의 인브리딩을 피하려는 시도는 학문과 학문 사이의 교류로 번졌다.

전문 분야가 확립되면 마치 군함처럼 외부와의 교섭이 끊기고 그 전공만 파고들기 쉽다. 마치 승객이 열차의 선두와 꼬리 차량에 타려는 대신, 붐비는 중앙으로만 모여드는 것과 같다. 그리하여 전문 분야 내에서 눈에 띄지 않는 인브리딩이 일어난다. 당연히 창의력이 떨어진다.

그런 경향은 일찍부터 눈에 띄었다. 사람들은 중앙에서 가장자리 칸으로 옮기는 것을 좋아하지는 않았다. 하물며 다른 열차에 뛰어오르려는 것은 자살 행위로 간주한다. 한가운데에 있는 사람이 제일 현명한 것이라고 했다.

이런 상식에 도전하고 학문에 새로운 바람을 불어넣는 것이 학제 간 연구다. 중심부를 지향하는 전문가는 어느 학문에서나 주변 영역에 가까이 가지 않는다. 어느 학문에서나 경계 영역은 무인지대, 미개발 영역으로 정해져 있다.

그 영역을 개발하기 위해서는 지금까지의 학문과 학문을 가로막고 있던 담을 없애야만 한다. 그렇게 탄생한 것이 학제 간 연구다. 언어학과 심리학의 경계 영역으로서 언어 심리학, 심리 언어학이 태어나고, 언어학과 사회학의 사이에서 언어 사회학, 사회 언어학이 나왔다.

학제 간 연구가 아직은 성공적이라고 말할 수 없는데, 그 이유는 우리가 아직도 전문적인 인브리딩 사고에서 벗어나지 못하고 있기 때문일지도 모른다.

학제 간 연구는 지적 차원에서도 결실이 큰 것에만 주목했다. 여기서도 한 번 더, 비슷한 것은 비슷한 것에 영향을 미치기 어렵다는 말을 떠올려야 할 것이다.

삼상과 삼다

**기발함은
언제, 어디서 오는가**

어디서 가장 좋은 생각이 떠오르는가. 과거라는 국가시험이 오래전부터 열렸던 중국에서는 이를 진지하게 생각했을 것이다. 과거에서는 글을 짓는 능력을 시험했는데, 우리가 지금 생각하는 것보다 훨씬 더 글쓰기가 중시됐다. 요즘 대학 입시에 논문을 보는 곳이 늘어나고 있는 걸 보면 역시 엄격한 시험에서는 문장력이 실질적인 영향을 미친다고 생각해도 좋다.

중국의 문장가, 구양수는 '삼상'이라는 말을 남긴 것으로 매우 유명하다. 앞에서도 말했지만 삼상이란 마상, 침상, 측상을 가리킨다. 좋은 생각이 잘 나오는 상황이 다소 의외라고 느껴지는 부분이 있어 재미있다.

마상은 지금으로 말하면 통근 전철 안, 혹은 차 안이라고 했다. 전철이라면 무난하지만, 생각을 하면서 차를 운전하면 위험할지도 모른다. 예전에는 말을 탔으니 조금 멍하게 있더라도 교통사고가 날 걱정은 하지 않았을 것이다.

앞에서 "걱정하지 마. 내일 아침 7시면 다 해결될 테니까"라는 소설가 월터 스콧의 말을 소개했다. 그는 하룻밤 자고 나면 생각이 저절로 자리 잡는다고 했다. 줄곧 '침상'에 있는 상태였지만 딱히 생각을 하려던 것은 아니었다.

여기서 말하는 침상은 잠에서 깨어나서 잠자리에 누워 있을 때를 말한다. 좋은 아이디어가 떠오르는 것은 잠자리에 들어가서부터 잠들 때까지보다는, 아침에 잠에서 깨어나 일어날 때까지의 시간이 더 효과적이라고 한다. 이것도 전에 썼지만, 헬름홀츠와 가우스가 아침에 일어나기 전에 대단한 발견을 했다는 것도 이를 뒷받침한다.

앞의 「망각」 편에서는 잠자는 동안에 잊어버린다고 말했다. 잠에는 렘수면과 논렘수면, 두 종류가 있다. 렘수면을 할 때 몸은 쉬고 있지만 머리는 활동하고 있다. 논렘수면에서는 반대로 머리가 쉬고 근육 등이 희미하게 활동한다고 알려져 있다. 다시 말해, 렘수면을 하는 사이에는 일종의 사고 작용이 일어난다. 잠을 자면서도 생각을 할 수 있는 것이다. 이 무의식 사고는 대단히 뛰어나다. 침상이란 그걸 포착한 것으로, 옛날 사람들의 예리한 관찰에 기초한 발견이라 할 수 있는데, 동서양을 막론하고 잠자리에서의 생각이 뛰어난 것에 주목하는 것이 흥미롭다.

아침에 화장실에 갈 때 신문을 들고 가서 꼼꼼히 읽는 사람이 있는가 하면, 화장실에 사전을 두는 사람도 있다. 사전이 독서를 하기 위해서인지는 모르겠지만 아무튼 화장실 안에서는 집중할 수 있고, 주변의 방해를 받지 않는다. 마치 혼자만의 성에 틀어박혀 있는 것 같다.

그 안도감이 머리를 자유롭게 해 주는 것인지, 역시 생각하지도 못한 것이 떠오르는 경우가 적지 않다. 다만 이것이 화장실에서 떠올린 생각이라는 것을 드러내 놓고 말하기를 꺼리는 사람들이 많을 것이다.

삼상에서의 예를 보더라도 생각하기 위해서는 그밖에 다른 일은 일절 하지 말고 멍하니 있거나, 혹은 옳고 그름을 따지며 힘을 써서는 안 된다는 것이 암시된다.

어느 정도는 구속이 필요하다. 다른 일을 할 수도 없고, 지금 하는 일이 별로 신경 쓰이지도 않으면서도 마음은 놀고 있는, 이런 상태가 창조적 사고에 가장 적합하다.

지하철이나 버스 안에서 글을 쓰는 사람을 이따금 발견하긴 하지만 대부분은 하는 일 없이 멍하니 앉아 있다. 아무것도 쓰지 않는, 말하자면 백지 같은 시간이다. 가벼운 읽을거리가 그 시간을 보내기 위한 수단으로 이용되고 있지만 생각해 보면 아깝기 짝이 없다. 미리 생각한 걸 가지고 차에 올라타 있으면 문득 묘안이 떠오르지 않을 수 없다. 이는 침상에서나 측상에서나 마찬가지다.

앞에서 '지켜보는 냄비는 끓지 않는다'는 속담을 언급했다. 삼상 상태에서는 아무래도 일상의 냄비 곁을 잠시 떠나게 되는 걸까? 그래서 사고의 전개를 촉진하는 것일까?

심리학자 에티엔 수리우는 "발명하기 위해서는 다른 것을 생각해야 한다"고 말했다. 삼상은 좋든 싫든 다른 일을 하는 상태라서 다른 일을 생각하기에 편리한 상황이다. 생리의학자 클로드 베르나르라는 "자신의 관념을 너무 신뢰하는 사람은 발견을 하기에 적합하지 않다"고 말한다.

삼상을 주창한 구양수는 '삼다(三多)'라는 말도 남겼다. 이것도 잘 알려진 말이다. 삼다는 글을 잘 쓰는 세 가지 비결로 많은 책을 읽는 것(看多), 글을 많이 쓰는 것(做多), 많이 궁리하고 퇴고하는 것(商量多)을 가리킨다.

이를 사고를 정리하는 방법으로 보면 다른 의미가 생긴다. 우선 많은 책을 읽는 것은 정보를 수집하는 것이다. 그것만으로는 도움이 되지 않으므로 많이 써본다. 많이 썼다면 이번에는 글을 음미하고 비판한다. 이렇게 하면 글솜씨가 좋아질 뿐만 아니라 지식과 사고가 순화된다. 일반적으로 생각을 정리하는 과정이라고 봐도 재미있다.

앞에서 퇴고에 대해 말했는데 그 유래가 흥미롭다. 옛날에 당나라 시인 가도(賈島)가 다음과 같은 구절을 생각해 냈다.

鳥宿池邊樹　새는 연못가 나무에서 머물고,
僧敲月下門　스님은 달 아래서 문을 두드린다.

처음에 시를 쓸 때는 문을 '민다(推, 밀 퇴)'고 했던 것을 재고하여 '두드린다(敲, 두드릴 고)'로 고쳤다. 그러나 여전히 어느 쪽이 좋을지 판단이 서지 않아 마상에서 '퇴'라고 할까, '고'라고 할까 생각에 잠긴 사이에 대시인 한퇴지의 행렬과 부딪혀 크게 혼쭐이 났다. 자초지종을 털어놓자, 한퇴지는 그 시를 음미하고 함께 생각한 끝에 '고'가 좋다고 했다는 고사에 따른 것이다.

가도는 말 위에서 그야말로 열중했다. 깨어 있는 머리로 생각해야 할 때도 있지만, 때로는 이렇게 무아지경으로 생각해야 할 때도 있는 법이다.

산책하다가 좋은 생각을 떠올리던 사례는 예전부터 아주 많다. 유럽의 사상가 중에는 산책 학파가 적지 않다. 산책은 육체를 일정한 리듬 속에 두는 것인데, 그것이 사고에 영향을 미친다. 그러고 보니 마상에도 리듬이 있다.

목욕을 하는 것도 생각하기에 좋다. 그리스의 아르키메데스는 부력과 비중의 원리를 발견했을 때 '유레카'라고 외쳤다고 전해진다. 전설에 따르면 목욕 중에 생각해 낸 것이라고 한다. 비중의 원리는 목욕과의 인연이 깊은데, 일반적으로 목욕 중에는 정신도 고양되는 모양이다. 욕실에서 노래를 부르고 싶어지는 것이 그 예이다. 사고에도 혈액순환을 활발하게 하는 목욕이 나쁘지 않을 것이다.

이상의 세 가지(무아지경, 산책 중, 목욕 중)가 좋은 생각이 떠오르는 좋은 상태라고 생각할 수 있다. 세 가지 전부 '도중'이라는 공통점이 있다. 그러고 보니 삼상도 도중이 아닌 게 없다. 인간은 '상주좌와(常住坐臥)'라고 하여 날마다 앉거나 누워 있어서 도중이 아닐 때가 없으니 마음만 먹으면 어디서나 묘안을 얻을 수 있다.

지혜

**자연스럽게
체득되는 지식**

책에는 나오지 않는 지혜가 있다. 하지만 조금 교육을 받은 사람은 그 사실을 잊어버리고 뭐든 책에 적혀 있다고 생각하기 쉽다. 책에 없는 유용한 지식, 또 생활 속에서 발견하기 전까지는 아무도 가르쳐주지 않는 지식은 얼마든지 있다.

아주 시시한 예를 들겠다. 몇 년 동안 애용하던 여행 가방이 낡아서 너덜너덜해졌다. 나는 전혀 개의치 않았고 오히려 애착을 느꼈다. 그런데 주위에서 난리다. 보기 흉하니 다시 사라는 것이다. 그러나 아무래도 이 가방을 못 쓰게 된다고 생각하니 견딜 수 없다. 어떻게든 구할 방법은 없을까?

그때 문득 생각이 났다. 같은 가죽 제품인데 신발은 가끔 닦으면서 가방은 한 번도 닦아본 적이 없다. 그래서 가죽 클리너라는 크림을 가방에 문질러 보았다. 그랬더니 아니, 몰라볼 정도로 멀쩡하지 않은가. 그렇게 욕하던 사람들도 그러고 보니 아직은 버리지 않아도 되겠다고 말했다.

태어나서 수십 년 동안 가죽제품을 사용했지만 기름칠을 하고 광을 내야 하는 것은 구두뿐이라고 생각했다. 책에서 그런 글을 본 기억이 없다. 학교는 그런 지식을 주기에 너무 바쁘다.

가정은 가정대로 가죽제품을 써본 전통이 없다. 부모는 자식에게 기름을 바르지 않으면 가죽이 금방 상하게 된다고 가르치지 않는다. 그렇다면 얼마나 많은 가죽제품이 부당하게 빨리 버려진 것일까. 이런 경우도 발견은 발견이다. 수학 문제의 답을 찾는 것보다 어쩌면 더 오랜 시간이 걸릴지도 모른다.

스스로 알아차린 건 아니지만, 바나나 껍질로 가죽을 닦으면 좋다는 지식도 매우 신선했다. 바나나 껍질에는 탄닌이 들어 있다. 가죽을 닦을 때 탄닌을 쓰니까 바나나 껍질은 무두질을 강화하는 의미가 있다고 한다. 갈색 가방을 닦는 데 사용해 보면 재미있을 것이다.

식칼을 만드는 어느 나라에서 이런 이야기를 들었다. 잘 드는 칼일수록 쉽게 녹슨다는 것이다. 아무리 물기를 잘 빼놔도 2, 3일이 지나면 조금씩 녹이 슬기 시작하는데 이것이 식칼의 수명을 단축한다. 이를 막을 아주 간단한 방법이 있다.

사용한 다음 뜨거운 물에 담갔다가 마른행주로 닦는 것이다. 왜 이렇게 간단한 걸 모르는 걸까. 일설에 의하면 부엌칼을 빨리 망가뜨려야 교체 수요가 늘어나 업자에게 이익이 된다고 한다. 오래가게 하는 방법을 가르치는 건 자신의 목을 조르는 것과 같다는 말이다. 이런 지식이야말로 학교 가정 시간에 가르쳤으면 한다. 배운 사람은 평생 잊지 말아야 할 지식이다.

젊을 때는 건강의 고마움을 모른다. 그러다 중년이 되면 슬슬 몸이 신경 쓰이기 시작하고 건강에 좋다는 것에 관심을 두게 된다. 한 조사에 따르면 성인들의 열에 아홉은 건강 유지에 깊은 관심이 있다고 한다. 고령화 사회가 되면 이런 경향은 더욱 심해질 것이다. 곳곳에서 건강 상식이 들려오면, 이를 무시하지 말고 주의를 기울여 듣는다. 그러다 보면 어느 정도 정리된 지식을 갖게 된다.

어느 장수회 회장은 하루에 25가지의 음식을 먹으라고 가르친다. 쌀, 소금, 설탕 같은 것을 각각 한 종류로 해서 25종류를 먹으라는 것이다. 같은 과일이라도 사과를 한 개 먹는 것보다 사과 반 개, 귤 한 개를 먹는 편이 종류가 많아져서 좋다고 한다.

한 끼에 8종류에서 9종류의 음식을 먹으면 되는데, 노력하지 않으면 매일 그렇게 먹지 못할 것이다.

이 회장은 또 나이가 들면 신에게 바치는 음식이 중심이 되는 식생활을 해야 한다고도 말한다. 취하지 않는 만큼의 술은 괜찮지만 담배는 신에게 바치지 않으므로 금연해야 한다. 채소, 해초, 어류, 오곡 등은 다 좋지만 육류는 피해야 한다.

요즘 미국에서는 동양인이 먹는 섬유질이 있는 음식, 예를 들면 우엉조림 같은 반찬을 자주 먹어야 장을 튼튼하게 하고 노화를 방지한다고 해서 유행이라고 한다.

또 소금을 너무 많이 먹는 것은 당분을 너무 많이 먹는 것만큼 좋지 않다. 소염다초라고 하여 소금을 줄이고 식초로 간을 해야 한다고 말하는 사람도 있다.

노화는 끝 쪽에서 시작되므로 발과 손, 손가락을 잘 움직이도록 한다. 걷는 것도 좋고, 손으로 뭔가를 만들거나 글씨를 써서 놀지 않게 하는 것도 좋다. 특히 새끼손가락을 움직이면 내장이 튼튼해진다.

현대 의학의 관점에서 이러한 지식이 객관적으로 어느 정도 가치가 있는지는 알 수 없다. 의학업계에서 알려준 대로 따라 한다고 해서 병에 걸리지 않는다거나, 죽지 않는 것도 아니다. 하지만 이런 이야기를 흘려듣지 말고 적어두면 건강에 대한 지식도 시간이 지나면서 점차 줄기와 가지로 뻗어나간다.

건강은 음식에만 의존하는 것이 아니다. 병은 마음먹기에 달려 있다. 정신적인 요인이 크게 작용하므로 현대인일수록 잘 관리해야 한다.

미국의 한 사회학자가 사망 시기를 연구한 결과, 생일이 되기 전 잠시간 사망률이 뚝 떨어졌다가 생일이 지나면 급격히 상승하는 현상을 발견했다. 왜 생일 전후에 노인의 사망률에 현저한 변화가 나타나는 것일까?

이를 조사한 학자에 따르면 생일 축하를 받을 수 있을 거라는 기대가 영향을 준다고 한다. 선물이 우르르 쏟아질 거라고 기대하면 기력이 생긴다. 병을 앓고 있어도 병세가 한동안 주춤하거나 반대로 호전될지도 모른다. 그런데 생일이 지나면 당장 살아갈 이유가 없어진다. 그 틈을 타서 병세가 되살아난다. 그러한 예가 많아서 수치로 나타나는 것이다.

그와 비슷한 일화가 있다. 의학계의 거물 한 명이 위독한 상태에 빠졌다. 훈장을 받기로 내정되어 있었지만 정식으로 수여될 때까지 버티지 못할 것 같았다. 제자들이 그 관계자에게 부탁하여 병상에서 훈장을 보여 주었는데, 이 노인이 갑자기 건강을 회복하여 그 후 몇 년을 더 살았다고 한다.

또 다른 이야기도 있다. 어느 도시의 늙은 정치가 역시 위독한 상태였다. 그 시의 시장이 기운을 북돋아 줄 요량으로 자신의 훈장을 정치가가 받은 것처럼 보여 주었더니, 병상에서 일어나 훈장을 받고 병세가 호전되었다. 그건 축하할 일이지만, 건강해진 노인에게 훈장을 돌려받지 못해 주위 사람들이 매우 곤란해했다는 이야기다.

이와는 별도로 말이 많은 사람은 노화가 더디다고 요양원 직원들은 말한다. 말하기 위해서는 머리를 쓰기 때문일까. 스웨덴의 한 양로원에서 노인들에게 취미를 공유하는 집단을 만들게 했던 일이 떠오른다. 그 안에서 외국어 학습 그룹을 만들었다. 처음에는 인기가 없었지만 머지않아 가장 인기 있는 그룹이 되었다. 그 이유는 멤버들이 모두 건강하고 좀처럼 죽지 않기 때문이었다.

이런 단편적인 지식 대부분이 귀로 들은 학문이다. 그것을 흩어진 채로 놔두지 말고 관련 있는 것끼리 정리해 두면 대화의 단서 정도로는 써먹을 수 있다. 잘 모르는 사람은 아는 것도 많다며 감탄할지도 모른다. 지식은 마음먹기에 따라 특별히 모으려고 하지 않아도 자연스럽게 모이는 것이다.

속담

**책을 읽지 않고도
사고체계를 완성하는 방법**

도시 사람과 시골 사람을 비교하면 시골에 있는 사람이 외국어를 동경하는 마음이 더 강하다. 메이지 시대 이후의 어문학자를 봐도 대부분은 지방 출신이었다. 도쿄 출신 서양학자가 없는 것은 아니었지만 '뒤처진' 지방의 젊은이들이 유럽에 대한 동경이 더 강했던 것 같다.

전후에 생활이 서양화되었다. 특히 최근에는 자유롭게 해외여행을 할 수 있게 되었다. 해외에 가보니 꿈에 그리던 파랑새는 날지 않았다. 어렴풋한 환멸을 느끼며 집으로 돌아오게 된다. 아는 것이 반드시 행복이라고는 할 수 없다는 뜻이다. 외국어도 잘 몰랐던 시절에는 어렴풋이 흥미를 느꼈는데, 지겨울 정도로 눈에 들어오기 시작하면 흥미가 떨어진다.

비슷한 현상을 인간과 인간 사이에서도 볼 수 있다. 멀리 떨어져서 바라봤을 때는 대단하게 느껴지던 사람과도 조금 친해지면 재미가 없어진다. 오히려 싫어질 수도 있다. 연애도 그런 식으로 파국을 맞는 경우가 적지 않다. 이런 구체적인 경험을 그대로 두면 다른 곳에 응용할 수 없다. 반면 정리해서 공식화해 두면 생활의 지혜가 된다.

외국어에 대한 동경이 사라지는 것은 처음에는 잘 모르고 마음이 끌렸다가 점차 알아가면서 기대가 없어졌기 때문이다. 이를 더욱 순화시키면 '밤에 볼 때, 멀리서 볼 때, 우산 속에 있을 때가 가장 아름답게 보인다'라는 속담이 된다. 일반적으로 우리는 거리가 멀어 잘 보이지 않는 것에 마음이 끌리고, 너무 가까워지면 싫증이 난다. 싫증 난 것이 아름답고 재미있게 느껴질 리가 없다.

일하는 게 재미없는 샐러리맨이 있었다. 상사에게 혼이라도 나면 다른 사람이 하는 일이 좋아 보인다. 자기가 하는 일이 가장 따분해 보여 과감하게 그만두자, 하는 생각이 들었다. 그러나 업종을 바꾼다고 해도 같은 인간이 하는 것이니 갑자기 만사

형통할 리가 없다. 그리고 또다시 재미가 없어진다. 그러면 다시 다른 사람의 직업이 좋아 보인다. 이런 사람은 아무리 시간이 지나도 안주하지 못한다.

학생이면서도 일찍부터 비슷한 경향을 보이는 사람이 있다. 영문과에 입학하고 얼마 지나지 않았지만 지루하기 짝이 없는 생활이 연속된다. 그와 반대로 심리학과는 실험도 있고, 아무래도 학문을 하는 것처럼 보인다. 심리학과로 전향하자고 해서 전과한다. 그리고 2년 후, 심리학도 지겨워져서 좀 더 자극적인 공부를 하고 싶다며 다시 물리학과에 들어간다. 이런 사람은 결국 아무것도 하지 못하고 끝난다.

이런 예가 세상에 널려 있는데도 여전히 같은 일을 반복하는 사람들이 있다. 다른 사람의 경험이 정보로 정리되어 있지 않기 때문이다. 사실 정리되지 않은 건 아니다. '속담'이라는 것으로 고도의 정리가 이루어졌는데도 그걸 모른다.

직업을 끊임없이 바꾸는 건 현명하지 못하다. 그건 오래전부터 확실했다. '돌 위에도 삼 년'이라는 속담이 그것을 말해준다. 영국에서는 이를 '구르는 돌에는 이끼가 끼지 않는다'고 표현했는데, 어쨌든 인내심을 가져야 한다는 뜻이다.

영문과 학생에게는 왜 심리학이 재미있어 보였을까? 인간의 본성이 그렇게 되어 있기 때문이다. 시험 전날 밤, 공부를 하려고 자리에 앉으면 평소에는 거들떠보지도 않던 난해한 철학서가 눈에 띈다. 왠지 들여다보고 싶은 마음에 잠깐만 읽어보려 했지만 좀처럼 멈출 수가 없다. 열심히 읽다 보니 결국 공부 계획에 차질이 생긴다.

이런 경험은 '옆집의 꽃이 붉다'는 속담 아래에 분류하고 정리해 두면 생각하는 수고를 덜 수 있다. 옆집 꽃을 멀리서 들여다보면 더욱 붉게 보이는데, 자세히 보면 벌레투성이일 수도 있다. 눈앞에 있는 꽃은 실제보다 빛이 바래 보이는 법이다.

장사를 하는 사람, 투기를 하는 사람은 물건을 사고파는 타이밍을 가늠하는 데 애를 먹는다. 이제 그만하자고 단념하고 매매를 하면 너무 이르다. 반대로 만반의 준비를 하고 있으면 기회를 놓치고 만다. 더 일찍 결정을 내려야 했다는 후회가 든다. 사업을 하는 사람들은 끊임없이 이런 실패를 경험한다. 하나하나가 다 복잡하고, 사정은 각각 다르다. 다만 타이밍을 잡는 방법이 얼마나 어려운지와 자신의 판단은 절대적이지 않다는 점은 법칙화할 수 있다. '이때다 싶으면 아직이고, 아직이다 싶으면 이때'라는 주식 격언이 탄생한 이유다.

학교 교육에서는 어째서인지 속담을 바보 취급한다. 속담을 쓰면 지적으로 보이지 않는다고 생각한다. 하지만 실생활에서 어려움을 겪는 사람들은 속담에 관심을 가져야 한다. 현실의 이해, 판단의 기준으로서 유익하기 때문이다. 생각할 때 속담을 인용하면 쉽게 처리할 수 있는 문제도 적지 않다.

현실에서 일어나는 일은 구체적인 문제다. 이 일들은 하나하나 특수한 형태를 띠고 있어 분류하기가 어렵다. 이것을 패턴으로 삼아 일반화하고 기호화한 것이 속담이다.

A라는 샐러리맨이 안주하지 못하고 계속해서 직장을 바꾼다는 사실 하나만 보면 샐러리맨 전체, 나아가 인간이란 존재에 그런 습성이 있고, 그런 악습이 오래전부터 있었다는 사실을 깨닫는 것은 무리일 것이다. 여기에 '구르는 돌에는 이끼가 끼지 않는다'는 패턴을 덧씌우면 샐러리맨 A도 인간의 습성에 따라 행동한다는 것을 알 수 있다. 딱히 드문 일도 아니다.

구체적인 예를 추상화하고 이를 정형화한 것이 속담의 세계이자 서민의 지혜다. 어느 나라에서나 예로부터 수많은 속담이 전해져 내려오는 것은 문자가 없던 시대부터 인간의 사고 정리법이 발전해 왔다는 것을 말해 준다.

개인의 생각을 묶어서 정리할 때도 인류가 역사 속에서 만들어낸 속담은 참고가 된다. 개개인의 경험이나 생각을 그대로 기록하고 보존하려 하면 그 번잡함을 견디지 못하고 모조리 사라져 버려서 뒤에 남지 않는다. 이것을 일반화하여 보편성이 높은 형태로 정리해 두면 비슷한 일이 일어났을 때 그 형태 맞춰 현상을 이해할 수 있으며, 그 형식을 강화해 준다. 즉, 자신만의 속담 같은 걸 만들어놓으면 그 속담을 통해 자신의 경험과 지견, 사고를 통솔할 수 있다. 그렇게 해서 생겨난 속담이 서로 관련성을 가질 때 그 사람의 사고는 체계를 만드는 방향으로 나아간다.

그러기 위해서는 관심, 흥미의 대상을 분명히 하고, 그 핵심에 응집된 구체적 현상, 경험을 일반 명제로 승화해야 한다. 그렇게 자기만의 속담의 세계를 만들어놓으면 책을 읽지 않는 사람이라도 충분히 사고 체계를 만들어낼 수 있다.

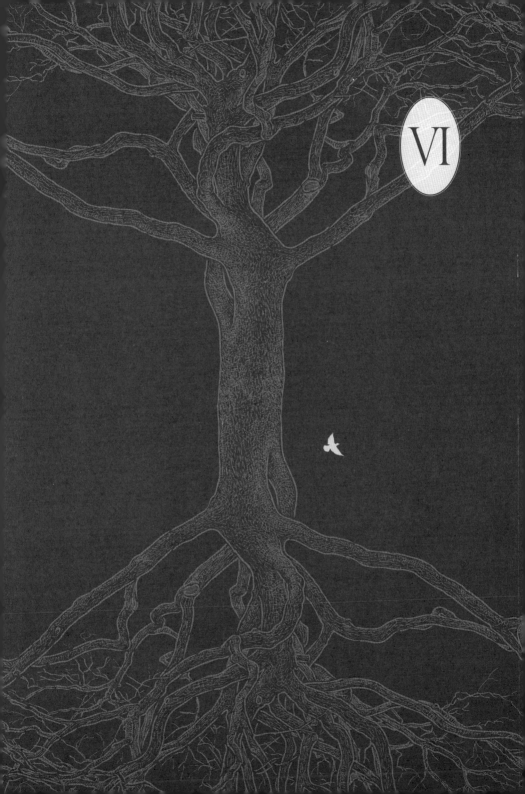

현실

**현실 세계에
생각의 뿌리를 두어라**

두 개의 현실이 있다고 말하면 비웃겠지만 지혜라는 '금단의 열매'를 먹은 인간에게 현실은 결코 하나가 아니다. 우리가 직접 접하는 물리적 세계가 현실이지만 지적 활동으로 머릿속에 또 하나의 현실 세계를 만들어낸다. 처음의 물리적 현실을 1차적 현실이라고 부른다면, 후자의 머릿속의 현실은 2차적 현실이라고 말해도 좋을 것이다.

2차적 현실은 1차적 현실에 대한 정보, 나아가 2차적 현실에 대한 정보에 의해 만들어지는 관념상의 세계다. 하지만 이런 관념상의 세계에서 지적 활동을 하다 보면 어느덧 생생한 현실감을 느끼게 된다. 때로는 1차적 현실 이상으로 현실적일지도 모른다. 실제로 지식이나 학문을 깊이 연구하는 사람이 1차적 현실을 부정하고 2차적 현실 속에서만 살려고 하기도 한다.

과거에는 주로 독서를 통해 2차적 현실을 만들어냈다. 독서를 하는 사람이 일반적으로 관념적인 이유는 외부 세계를 직접 접하는 대신 지식을 통해 간접적으로 접하기 때문이다. 사색도 외부 세계를 차단하는 데서 심화할 수 있으며, 역시 2차적 세계를 구축한다.

사람들은 대부분 거의 1차적 현실에만 의지하여 살아왔다. 하지만 그래서는 정말로 현실에 살 수 없다는 것을 일찍부터 깨닫고 철학을 지향하게 되었다. 인간의 모든 행위가 2차적 현실의 형성을 향하고 있었다 해도 좋을 정도다. 1차적 현실을 명확히 인식하기 위해서는 그것을 초월한 2차적 현실의 입장이 필요하다.

이전까지의 2차적 현실은 거의 문자와 독서로 조립된 세계였다. 그런데 어떤 시점부터 30년 동안, 새로운 2차적 현실이 대량으로 등장했다. 바로 텔레비전이다. 우리는 그것을 여전히 충분히, 또 확실하게 인지하지 못했다. 텔레비전 속의 세계는 진짜보다 더 진짜처럼 보이고 안방에 앉아서 세상 끝까지 갈 수 있다. 여행을 한 것 같은 기분이 들고, 그러다 보면 그것이 2차적 현실이라는 것을 잊게 된다.

책을 읽고 머리에 그리는 세계가 관념의 산물이란 건 오해의 여지가 거의 없다. 그런데 브라운관에서 보이는 것은 너무나도 생생하다. 1차적 현실이라는 착각을 주기 쉽다. 현대인은 아마도 인류의 역사가 시작된 이래 처음으로 2차적 현실의 중심에 살게 되었다. 이는 정신사상의 일대 혁명이라고 말해도 좋을 것이다. 활자에 의한 기존의 2차적 현실 외에, 영상에 의한 강력한 2차적 현실이 출현하면서 현대의 지적 생활을 복잡하게 만들고 있다.

사고에 관한 문제를 생각할 때도 두 종류의 현실 차이를 무시할 수는 없을 것이다. 지금까지는 생각한다고 하면 2차적 현실이 먼저였다. 문헌을 통해 읽은 선인의 업적과 대화를 나눔으로써 새로운 사고가 태어났다. 그 대신 1차적 현실과는 거의 관련을 맺지 않았다. 오히려 낮은 차원의 현실을 끊어 내야 한층 더 높은 사고로 비상할 수 있다고 믿었다. 앞 장에서 나왔던 속담이 무시당한 이유도 여기에 있다고 생각된다.

그러나 생각은 1차적 현실, 즉 땀을 흘리며 살아가는 동안에도 나올 수도 있다. 현대인들이 생각에 관심을 보이지 않는 이유는 지식의 계급제도가 확립되었다고 보기 때문이다. 그러나 일하는 사람도 사고, 사색, 지식의 창조가 필요한 건 마찬가지다.

지금까지는 '보는 것', '읽는 것'에 대한 사상이 존중되었으므로 '일하는 것', '느끼는 것'에 대한 사상은 가치가 없다고 여겨져 왔다. 그러나 지식과 사고는 보는 것과 읽는 것의 독점물이 아니며, 이마에 땀을 흘리며 일하는 것 또한 독자적인 사고를 낳는다는 사실을 간과해서는 안 된다.

아무리 관념적인 사고라고 해도 인간이 생각하는 것인 이상 1차적 현실과 전혀 관계가 없을 수는 없으며, 아무리 간접적이라 할지라도 실제 생활이 그림자를 드리울 수밖에 없다. 현대처럼 2차적 현실이 1차적 현실을 압도하는 시대에는 일부러라도 1차적 현실에 주목해야 한다고 생각한다. 사람들의 생각에서는 땀 냄새가 나지 않고, 따라서 활력이 없다.

생각은 의식하지 못하는 사이에 추상적으로 변해 말이 가리키는 실체가 모호해지는 경향이 강해진다. 추상은 2차적 현실에서 나온 사고의 성격이다. 현대 사상이 매우 생생한 듯한 모습을 보이고, 영상에 의해 구체적인 것처럼 보이기는 하지만 현실성은 거의 없는 이유는 바로 이것이다. 좀 더 1차적 현실에 기초한 사고, 지적 활동에 주목할 필요가 있다. 단언컨대, 직장인의 사고는 거의 1차적 현실에 뿌리를 두고 있다.

그에 비해 학생들의 생각은 책에 뿌리를 두고 있는, 2차적 현실을 토양으로 삼고 꽃을 피운다. 생활에 뿌리를 두고 생각하려 해도 아직 제대로 된 생활을 해본 적이 없으니 어쩔 수 없다.

그런 학생이 사회에 나가 책에서 멀어지면 바로 지적 생활과는 거리가 먼 속물이 된다. 지적 활동의 뿌리를 2차적 현실, 즉 책 속에만 두고 있기 때문이다. 1차적 현실에 기반을 둔 지적 활동은 글라이더로는 불가능하다. 학생의 사고와 사회인의 사고는 글라이더와 비행기만큼의 차이가 난다.

사회인도 뭔가를 생각하려고 할 때면 금세 행동의 세계에서 도피하여 책 속으로 들어간다. 독서를 하지 않으면 생각하기 어려운 것은 사실이지만, 바쁜 일을 하는 사람이 독서 삼매경에 빠지는 학생 흉내를 내봤자 진정한 사색을 하기는 어렵다. 행동과 지적 세계를 조화시키지 못하면 어른의 사고를 하기 어렵다.

생각을 키우기 위해 생각을 정리하는 것도 말하자면 2차적 현실, 책에서 출발한 지식이 좋다. 편하게 정리할 수 있기 때문이다. 1차적 현실에서 나온 지혜는 기존의 틀 속에 얌전히 자리 잡고 있지 않아서 새로운 시스템을 고민해야 할 때가 많다. 사회인의 사고가 산발적 아이디어로 끝나는 이유도 거기에 있을 것이다.

걸으면서 생각한다는 것은 1차적 현실 속에서의 사고다. 삶을 중단하고 책의 세계에 몰입해 생각하는 것과 질적으로 다르다. 우리의 지적 활동이 모방적이고 진정으로 창조적이지 않은 것은 이러한 생활과의 단절에 원인이 있는 게 아닐까?

우리의 지적 훈련이, 많은 사람이 끌어주어야 비로소 움직이는 글라이더 타입이었던 것은 이미 말한 대로다. 이렇게만 흘러가면 2차적 현실 속에서의 지적 활동만을 인정하는 분위기가 된다.

일을 하면서, 평범한 행동을 하면서 생각한 것을 정리하고 새로운 세계를 만들어가는 것, 이것이 비행기형 인간이다. 우리는 땀 냄새 나는 사고를 계속해서 만들어야 한다. 그것을 단순한 착상, 즉흥적인 생각으로 끝내지 않기 위해 시스템화를 고려해야 한다. 그다음은 2차적 현실에 입각한 사고와 다를 바 없다. 진정으로 창조적인 사고는 1차적 현실에 뿌리를 둬야 나올 수 있다는 것을 명심해야 한다.

1차적 현실의 사고로 얻은 가장 통속적인 것이 속담이다. 속담은 책 속에서 태어나지 않았다는 점에서 전근대적이면서 동시에 현대적이다.

우리가 일상적으로 사용하는 언어 하나하나는 그 근원을 거슬러 올라가 보면 1차적 현실을 기반으로 만들어낸 사고의 산물, 즉 2차적 현실임을 깨닫게 된다. 그런데 그런 말들이 언제부터인가 1차적 현실처럼 인식되는 것도 문제다.

기지와 미지

그리고
새로운 세계

지적 활동에는 세 가지 종류가 있다.

첫 번째는 이미 알고 있는 것(기지)을 재인식하는 것이다. 이후부터 이를 A라고 한다. 두 번째는 아직 모르는 것(미지)을 이해하는 것, 이것을 B라고 한다. 세 번째는 완전히 새로운 세계에 도전하는 것, 이것을 C라고 한다.

이 세 가지 지적 활동을 읽는 것과 관련지어 생각해 보자. 이미 경험해서 아는 내용이 담긴 글을 읽었을 때가 A다. 잘 아는 지역에 관해 쓴 글을 읽거나, 실제로 봐서 알고 있는 스포츠 경기에 관한 기사를 읽을 때, 알고 있던 것을 재확인하게 된다. 읽는 쪽에 이미 지식이나 경험이 있어서, 이후에 같거나 비슷한 지식이 등장하면 둘을 연결해 '알았다'고 자각하게 된다. 가장 기본적인 인식의 형식인데, 이런 식의 접근으로는 이미 알고 있는 것밖에 보지 못한다.

아무래도 B처럼 모르는 것을 읽는 능력이 필요하다. 앞의 재인식과는 달리 뒷받침이 될 만한 것이 없다. 새로운 세계에 직면하게 될 것이고, 이해할 수 없는 부분들이 있을 것이며, 그 틈을 뛰어넘기 위해서는 상상력이 필요하다. 아무리 A를 읽는 데 익숙하다 해도 그것만으로는 B를 읽을 수 없다. 둘은 질적으로 다르다.

독서가 미지의 세계로 가는 입구가 될 수 있는 이유는 B를 읽을 수 있기 때문이다. 그런 의미에서 굉장히 중요한데, 일반적으로 A와 B의 구별이 명확하지 않다. 따라서 A에서 B로 가려면 어떻게 해야 하는지 생각하는 사람이 드물다. 종종 A에만 머물러 있으면서 그것을 독서의 전부인 것처럼 착각하기도 한다.

A의 읽기는 아는 것을 재확인하는 활동이지만, B는 처음부터 안다고 할 수는 없다. 우선 '해석'이 필요하고 언어를 단서로 하여 미지의 세계로 들어가야 한다. 그래서 어떻게든 알게 되면 모르는 것을 아는 것으로 만드는 것이 가능해진다.

나아가 그런 해석을 거부하기라도 하는 듯한, 이해하기 어려운 표현도 있다. 이것이 전혀 새로운 세계에 도전하는 C의 해석이다. 어떻게 하면 이해할 수 있을까?

몸으로 부딪친다. 한두 번으로는 알 수 없으니 몇 번이고 부딪쳐야 한다. 머지않아 조금씩, 어렴풋이 알게 된다. '백 번 읽으면 저절로 통한다'고 하는 것이 C의 읽는 방법이다.

앞서 나온 한문 소독을 다시 한번 생각해 본다. 읽는 방법만 알려 주고 의미에 대해서는 언급하지 않아 아이들에게는 완전히 낯선 세계다. 이것을 이해하는 것은 B의 이해라기보다는 C의 이해에 가깝다. 스님은 한 가지 문제에도 오랜 세월 그것을 둘러싸고 생각에 생각을 거듭해 마침내 깨달음에 도달한다. 한문 소독의 목적도 이와 비슷한 데가 있다.

지금은 독자들에게 친절한 표현을 쓰도록 권장하기에, C의 읽기를 견딜 수 있는 책은 거의 없어졌다. 읽는 사람이 자신의 상상력, 직관력, 지식 등을 그 한계까지 총동원하여 마침내 '자신의 해석'에 이르는 사고적 독서 또한 극히 줄어들었다.

독서의 필요성을 호소하는 소리는 자주 들리지만 이는 대부분 양적 독서다. 질적으로 보면, 단순히 아는 것만 보는 A 읽기, 모르는 것을 해석하는 B 읽기, 그리고 전혀 모르는 것에 도전하는 C 읽기는 분명히 다르다.

그러나 조금 더 쉽게 접근하기 위해 앞으로는 C를 B 안에 포함해 아는 것을 읽는 것과 모르는 것을 읽는 것, 두 가지를 구별해서 생각해 보고자 한다.

학교에서는 읽기 교육을 A로 시작한다. 학습자가 잘 아는 내용이 쓰여 있는 글을 주고 읽는 법을 가르친다. 아는 것에 대해 읽는다. 이 방법은 현재 누구도 의심하지 않지만, 옛날의 소독을 생각하면 A부터 시작하는 것만이 유일한 방법은 아니라는 것을 알 수 있다.

글자를 읽을 수 있게 하는 것이 A 읽기다. 이게 발판이라서 일단 이미 알고 있는 것을 읽게 하는 데도 긴 훈련이 필요하다. 그래서 자기도 모르게 B 읽기가 있다는 사실을 잊어버린다. 우리가 받은 언어 교육을 되돌아봐도 어디까지가 A이고 어디까지가 B인지 분명하지 않다.

그러다 어느새 B를 읽는다. 언제, 어떻게 A에서 B로 이행되었는지 명확하지 않다. 그도 그럴 것이다. 선생 또한 그것이 애매모호하니 전혀 개의치 않는다.

그런데 A를 읽다가 갑자기 B를 읽을 수 있을 리가 없다. 이동의 다리를 건너지 않으면 안 된다. 이때 도움이 되는 것이 문학작품이다. 국어 교육 과정에서 문학작품을 반드시 읽어야 하는 이유가 여기에 있다.

이야기, 소설 등은 얼핏 보면 독자에게 친숙한 모습을 하고 있다. 그래서 A 읽기로도 이해할 수 있을 것만 같다. 그렇게 난해하다는 느낌도 주지 않는다.

그렇다면 창작이 A 읽기만으로 모든 걸 이해할 수 있느냐 하면 그렇지 않다. 책을 읽던 독자가 글쓴이의 생각을 이해하지 못한다는 것을 어렴풋이 감지한다. 그러면 독자는 아는 것의 도움을 받고 상상력을 통해 그 연장선상에서 새로운 세계를 어렴풋이 파악한다. 그럼 같은 표현이 A로 읽히는 동시에 B로도 읽히는 것이 가능해진다. 창작에 독특한 함축이 있다고 느끼는 이유도 이런 이중 읽기와 무관하지 않을 것이다.

그러나 실제로는 A에서 B로의 이행이 그렇게 쉽지만은 않다. 너무 많은 읽기 지도가 B 읽기를 방해해서 얕은 의미에서의 문학 독자를 키우는 데 그치기 때문이다.

이는 그저 언어 교육상의 문제만으로 끝나지 않는다. 우리의 사고와 지적 활동에도 지대한 영향을 미친다. 스토리가 있어야 재미있는 글로 여기는 경향은 추상적 이해력이 취약하다는 것을 여실히 보여 준다. 가십적 흥미만이 팽배하다.

문학 작품이 A 읽기에서 B 읽기로 넘어가는 데 빠뜨릴 수 없는 요소임은 앞에서 말한 대로다. 하지만 창작의 이해가 읽기의 종착점이 되어서는 곤란하다. B 읽기를 하는 것이 최종 목표가 되어야 한다.

문학작품을 정서적으로 이해했다고 해서 만족하지 말고 '해석'을 통해 모르는 것을 어디까지 알 수 있을까를 확실히 생각해 둬야 한다. 더 나아가 상상력과 직관의 비상을 통해서만 얻을 수 있는 발견에 과연 의미가 있는 것인지도 생각해 봐야 한다.

이런 것들을 국어교육, 독서지도에만 맡겨둬서는 안 된다. 미지를 아는 방법이 모든 지적 활동의 전제라면, 그것이 사고와 지식에 폭넓게 관심을 두는 사람들에게도 큰 문제가 아닐 수 없다.

모국어로 읽으면 알려진 것과 알려지지 않은 것의 경계가 명확하지 않은 경우가 적지 않다. 그래서 A 읽기가 B 읽기와 질적으로 다르다는 것조차 명확하지 않다.

반대로 외국어를 이해하려면 모국어와 달리 B 읽기를 훨씬 많이 해야 한다. 미지를 알기 위해 외국어 고전을 읽는 것도 우연이 아니다. 한문 소독이 거친 방법으로 보일 수도 있겠지만 단숨에 C 읽기의 본진으로 돌입하는 시도이며, 실제로 미지를 읽는 훌륭한 독자를 육성했다고 볼 수 있다.

서구 여러 나라에서 한학에 해당하는 것을 찾는다면 그리스 로마의 고전을 들 수 있다. 중세 이래 오랫동안 학교 교육에서 중추적인 위치에 있을 수 있던 것도 한학과 통하는 데가 있는데, 이 또한 우연이 아닐 것이다.

그것이 언어 교육에 그치지 않고 인간 교육, 지적 훈련이 될 수 있었다는 것을 현대를 사는 우리는 새삼 생각해 봐야 할 것이다.

확산과 수렴

**만점 답안에서
창의적 답안으로**

우리에게는 두 가지 상반된 능력이 있다. 하나는 주어진 정보 등을 변경하고 거기에서 탈출하려고 하는 확산 작용이고, 다른 하나는 뿔뿔이 흩어져 있는 것을 관계 지어 정리하고자 하는 수렴 작용이다.

가령 10명의 사람에게 3분간 이야기를 한다고 치자. 나중에 그 내용을 요약해서 써달라고 하면, 그 결과는 10명의 사람마다 다르게 나타날 것이다. 같은 내용을 쓴 사람은 아무도 없을 것이다. 이런 경우에는 '정답'이 없다. 정답이라고 하면, 모든 사람이 거의 같은 답을 내는 경우만을 생각한다. 그러나 수학에는 정답이 있어도 요약에는 정답이 존재하지 않는다. 재미있는 것도 있고 잘 정리된 것도 있지만, 그게 유일한 정답은 아니다.

정답이 존재하지 않는 것은 이런 요약에만 국한되지 않는다. 시험을 볼 때도 답을 기술해서 낼 때에는, 엄밀한 의미에서 정답은 존재하지 않는다. 저마다 각기 다른 형태의 답을 내놓는다. 수학은 동일한 정답이 복수로 나올 수 있지만 주관식 문제에서는 완전히 같은 답이 나와서는 안 된다.

뒤집어서 말하면 오해는 지극히 개인적인 일이라서 똑같이 오해하는 일은 거의 있을 수 없다는 뜻이다. 요약을 할 때 그 '오해'의 뿌리가 되는 확산적 사고가 작용한다. 따라서 토씨 하나 다르지 않은 글이 두 개 있다는 것은 이론상으로는 불가능한 일이 된다. 이론상 있을 수 없는 일이 현실에서 일어나고 있으니 참 재미있다.

요즈음 입학시험에서 에세이라는 작문을 요구하는 곳이 많아졌다. 제목을 주고 글을 쓰게 한다. 정답인 글이 있을 리 없으므로 이것은 수렴하지 않을 것이다. 각자 자신의 생각을 내놓으라는 요구를 받기에 가장 자유롭고 활발하게 확산적 사고의 힘을 발휘할 수 있다. 개성을 보는 매우 좋은 테스트 방법으로 최근 주목받고 있는 것은 긍정적이다.

그런데 놀랍게도 시험 채점자들의 말에 따르면 대부분이 같은 내용을 쓴다고 한다. 처음 들었을 때는 도저히 믿을 수 없었다. 아무리 그래도 그럴 리가 없다고 생각했다.

그런데 여기저기서 그런 소리를 듣는다. 고등학교에서는 대입에 대비해 에세이 모의고사를 치르는데, 여기서도 같은 현상을 볼 수 있다고 한다. 아마도 이것은 과장이 아니라 현실일 것이다. 어쩌면 지도가 너무 효과적이어서 주어진 것을 그대로 쓰면 그것이 정답이라고 착각하는 걸지도 모른다. 에세이에도 수학과 같은 답이 요구된다고 생각한다면 큰 착각이다.

물론 작문의 글, 하나하나가 완전히 다르지는 않을 것이다. 하지만 말하고자 하는 바가 똑같다면 수렴적 사고에 의해서만 문장을 썼다는 뜻이다. 그런 문장에서 개성을 읽어내기란 불가능할 것이다.

인간은 원래 강력한 확산 작용을 지닌다. 옛날 군대에서는 체전이란 것을 했다. 통신 수단이 발달하지 않은 시대에는 이동하는 부대끼리 구전으로 커뮤니케이션을 했다. 부대 사이, 일정한 거리마다 중계지점을 두고 병사를 배치하면 그들을 통해 메시지가 연달아 전달되었다.

하지만 이 메시지는 종착지에 정확하게 도달하지 못하고 이래저래 변형되기 마련이다. 와전된다. 중요한 순간에 그러면 안 된다. 그래서 평소에 채전 훈련을 하는데도 좀처럼 정확한 정보를 얻을 수 없다. 각자가 정확하게 전달하자고 마음을 단단히 먹지만 확산 작용이 숨어들어 메시지를 변신시킨다. 그것이 다시 다음 중계지점에서 변화하여 점점 크게 어긋나게 된다.

이런 변신이 좀 더 자유분방해지면 흔들면서 추진력을 갖는 꼬리지느러미처럼 부풀려지고 과장된다. 유언비어나 풍문, 소문 등은 이런 확산 작용의 정도가 커졌을 때 볼 수 있다. 어떤 관점에서 보면 유언비어는 자유로운 해석에 기초한 전달의 꽃이기도 하다. 우리는 누구나 유언비어를 퍼뜨릴 자격이 있다.

확산 작용으로 생겨난 것은 산발적이다. 선처럼 뭉쳐 있지 않고 점처럼 흩어져 있어 언뜻 보면 점과 점은 서로 상관관계가 없는 것처럼 보인다. 이 책에서 이미 사용한 비유를 쓴다면 비행기형 사고다.

이와 대조적인 것이 수렴에 의한 '정리'다. 우선 정리에는 초점이 필요하다. 목표를 향해 모든 것을 통합하고, 그 방향이 명확하지 않으면 정리를 할 수 없다.

지금까지의 학교 교육은 주로 수렴에 의한 지식 훈련을 해왔는데, 이는 언제나 정답을 예상할 수 있다. 만점 답안이 있는 것이다. 오랫동안 학교 교육을 받으면 모든 것에 정답이 있다는 착각에 빠지게 되는데, 이는 수렴 능력만을 길렀기 때문이다. 그런 머리로 답이 없는 문제를 풀려고 하면 손을 놓고 있을 수밖에 없다.

자기 생각을 내세우지는 못하지만 배운 지식을 필요에 따라 잘 정리하는 학습자가 우등생으로 꼽힌다. 글라이더 인간이다. 수렴성이 너무 강하지만 이때 정리는 선이나 시스템으로 통합되는 이점을 갖는다. 확산적 사고로는 당장 흩어진 점밖에 얻지 못하는 것과 사뭇 대조적이다.

사고와 관련하여 이 두 가지 작용을 구별하는 게 중요하다. 지금까지는 주로 수렴적 사고에 대해 생각해서인지 사고의 정리도 비교적 간단했던 것 같다. 그러나 수렴적 사고는 사고의 절반에 지나지 않는다. 그것도 수동적 사고의 절반에 불과하다.

창조적 사고의 절반은 확산적 사고, 즉 오해를 두려워하지 않고 접선 방향으로 탈출하려는 에너지에 의해 만들어지는 사고이다. 지금까지 이것이 충분히 인식되지 못한 것이 우리 사회의 불행이었다. '괴짜'가 아니면 진정한 독창성, 창조가 불가능하다는 것은 슬픈 일이다.

지금까지는 책을 읽을 때도 정답을 정하고 거기에 도달하는 것을 목표로 삼았다. 이 경우 필자의 의도를 절대시함으로써 쉽게 정답을 만들어낼 수 있다. 그것을 향해 행해지는 것이 수렴적 독서이다. 그렇게 정답을 얻기 위해 하는 독서가 수렴적 독서다.

그에 반해 자신만의 새로운 해석을 만들어내는 것은 확산적 독서다. 물론 필자의 의도와도 충돌하겠지만 그런 것에 움츠러들지 않는다. 수렴파에서는 오독, 오해라고 비난하지만, 읽기에 있어서 확산 작용은 표현의 생명을 영원히 살리는 절대 조건임을 잊어서는 안 된다. 고전은 확산적 읽기에 의해 만들어지기 때문이다. 필자의 의도가 그대로 받아들여진 채로 고전이 된 작품이나 글은 하나도 없다고 앞에서 이미 말했다.

확산적 사고가 만들어내는 것은 일관성이 없는 '점'이 된다고 말했다. 이대로 방치하면 엄청난 혼란이 빚어지지 않을까 수렴파는 우려했다. 그러나 확산파라고 해서 마냥 자기 멋대로 생각하는 것도 아니다. 언뜻 보기에는 혼란스러워 보여도 많은 점을 충분히 얻고 나면 저절로 수습에 이르게 된다.

예를 들어, 새로운 단어들이 등장한다. 사람들은 이 단어를 각자 자기 마음대로 사용하는데, 이것은 확산적 사용이다. 수렴하고 싶어도 사전 정의도 없다. 하지만 세월이 흐르면서 그 말의 의미는 저절로 정해진다. 확산적 사고가 저절로 수렴되는 훌륭한 사례다. 만약 확산만 되고 수렴하는 것을 모르는 말이 있다면 그 말은 소멸한다.

컴퓨터의 등장

**기계적 인간은
자연 선택에 따라 밀려난다**

지금까지 지적 활동의 중심이 기억과 재생이다 보니 글라이더형 인간이 많아지는 것도 당연하다. 학교는 글라이더 훈련소임을 조금도 부끄러워하지 않는다. 오히려 그것을 자랑스럽게 여겨왔고, 사회도 그것을 의심하지 않았다.

기억은 인간만이 할 수 있다. 중요한 것을 기억하고, 필요할 때 떠올리고 끄집어내는 것은 오직 인간만이 할 수 있는 일이다. 그런 능력을 조금이라도 더 가지고 있는 사람은 '우수한' 사람이라는 평가를 받았다. 교육기관이 그런 인간 육성에 힘을 쏟는 것은 당연한 책무다.

지금까지는 그것에 대해 깊이 생각할 필요가 없었다. 의문을 제기할 만한 것도 없었다. 하지만 지난 수십 년 사이에, 기억과 재생의 인간적 가치가 점점 더 크게 흔들리기 시작했다.

컴퓨터라는 기계가 등장했기 때문이다. 컴퓨터가 그 이름처럼 계산만 한다면 그리 놀랄 일도 아니다. 컴퓨터는 컴퓨터의 껍질을 벗기면서 조금씩 인간의 두뇌에 가까워지기 시작했다.

그중에서 이미 확립된 기능이 기억과 재생이다. 지금까지 인간만이 할 수 있다고 생각했던 일을 컴퓨터가 점점 더 쉽게 해치우고 있다. 인간이라면 몇십 명, 몇백 명이 할 일을 한 대가 해내는 것을 보면서 혀를 내두를 정도로 감탄했다.

이윽고 감탄만 하고 있을 수 없게 되었다. 인간이란 무엇인가, 하는 반성이 조금씩 싹트기 시작했다. 우리는 지금까지 열심히 공부해서 컴퓨터처럼 되는 것을 목표로 했던 것일까? 게다가 인간이 가진 기억이나 재생 능력은 컴퓨터에 상대가 되지 않는다. 진짜 컴퓨터로 볼 수도 없지만 인간 컴퓨터는 전원이 필요 없고 어디든 제 발로 다닐 수 있다는 점에서 스스로 위안을 삼을 수도 있을 것이다.

아주 우수한 기억 재생 장치가 만들어지면서 불완전한 장치를 머릿속에 집어넣으려 했던 지금까지의 인간 교육이 갑자기

225

얼빠진 것처럼 보이기 시작했다. 학교는 컴퓨터형 인간을 키워왔다. 그것도 기계에 지는 컴퓨터 인간을 말이다. 기계가 인간을 배제하는 것은 역사의 필연이다. 현대는 새로운 기계의 도전을 받는 문제에 직면해 있으면서도 그다지 위기감을 느끼지도 않는다. 어제까지의 일이 오늘도 계속되고, 오늘의 일은 내일도 그대로 계속될 것이라는 낙관적 보수주의에 눈이 멀었기 때문일 것이다.

인간은 기계를 발명하여 노동을 대신하게 했다. 기계는 하인이고, 인간이 생각하는 대로 움직인다. 그렇게 생각할 수도 있지만, 반대로 보면 인간은 자신이 만들어낸 기계에 일자리를 빼앗기는 역사를 되풀이해 왔다고 볼 수도 있다.

편리해졌다고 마냥 기뻐할 수만은 없다. 역사상 가장 대표적인 사례는 산업혁명이다. 지금까지 인력으로 돌아가던 공장 작업이 마력을 가진 기계로 대체되었다. 이로써 공장의 주인공은 인간에서 기계로 바뀌었고 인간은 기계를 조작할 뿐이다. 실제로 물건을 만드는 것은 기계다.

기계에 일자리를 빼앗긴 인간은 기계가 손댈 수 없는 사무실 안에서 주요한 일터를 찾았고 그렇게 샐러리맨이 태어났다. 사무를 처리할 수 있는 사람은 인간뿐이었고, 그 사무가 복잡해지면서 수많은 사무원이 필요해졌다.

산업혁명은 기계가 공장에서 대량의 인간을 몰아낸 변화였다. 인간적인 일을 찾기 위해 사람들은 사무실로 들어가 문을 꼭 걸어 잠갔고 기계는 여기에 발을 들여놓을 수 없었다. 성역이었다. 서양에서는 이와 같은 상태가 200년 동안 지속되었다.

컴퓨터의 등장으로 이 성역이 어이없이 무너지려 하고 있다. 기계는 이제 훌륭한 사무 능력을 갖췄다. 인간은 불평하지만, 컴퓨터는 불평하지 않는다. 근로기준법에 얽매이지도 않고 잠도 자지 않으며 쉬지도 않고 일할 수 있다. 태평한 세상에 익숙해진 샐러리맨은 생각지도 못한 강적의 출현에 놀라지 않을 수 없을 것이다.

기계와 인간의 경쟁은 새로운 기계의 출현으로 '기계적' 성격을 드러낸 인간의 패배로 끝난다. 인간이 컴퓨터보다 훨씬 능력이 떨어진다. 다행히도 컴퓨터는 우리의 머리가 상당히 컴퓨터적이었다는 것을 일깨워 주었다.

우리는 사회적으로 자연선택의 법칙을 받아들이지 않을 수 없다. 기계적 인간은 조만간 컴퓨터에 자리를 내줘야 할 것이다. 산업혁명을 생각해 보면 이 예상은 결코 뒤집히지 않을 것이다.

지금까지의 학교 교육은 기억과 재생을 중심으로 한 지적 훈련을 실시해 왔다. 컴퓨터가 없어서인지 컴퓨터 인간이 사회에서 유용했다. 기억과 재생이 교육의 전부인 것처럼 되어가는 모습을 이상하다고 말하는 사람은 드물었다. 하지만 컴퓨터 보급이 시작된 지금, 이 교육관은 근본적으로 검토되어야 할 것이다. 사고란 무엇인가? '기계적', '인간적' 개념의 재규정처럼 중요한 과제는 얼마든지 있다.

이 책이 아는 것보다 생각하는 것에 중점을 둔 이유도 아는 활동에는 '기계적' 측면이 크고, 그만큼 '인간적' 성격에 문제가 있다는 생각이 근간에 있기 때문이다.

일찍이 컴퓨터의 보급을 지켜본 미국에서, 창조성의 개발을 시끄럽게 떠들기 시작한 것은 우연이 아니다. 인간이 진정으로 인간다워지기 위해서는 기계의 손이 닿지 않는, 혹은 닿기 어려운 일을 할 수 있어야 한다. 그런 의미에서 창조성이야말로 가장 위대한 일이다.

그러나 지금까지 글라이더 훈련을 전문으로 해온 학교에 응원의 말을 전한다고 해서 비행기를 뚝딱 만들어낼 수는 없을 것이다. 창의성을 가르칠 수 있을지조차 의문이다. 다만 장차 인간은 기계나 컴퓨터가 할 수 없는 일을 얼마나 잘하느냐에 따라 사회적 유용성에 크게 차이가 날 것이다. 기계가 할 수 없는 일이 무엇이고, 기계가 할 수 없는 일이 무엇인지 알기 위해서는 시간이 좀 필요하다. 창의력이란 추상적인 개념을 적극적으로 제시하는 것만으로는 부족하다.

진정한 인간을 육성하는 교육 자체가 창조적인 일이다. 교실에서 가르치는 것만이 전부가 아니다. 갓난아기에게 분별심을 길러 주는 것은 최고로 창조적인 일이다. 뛰어난 운동선수를 키우는 코치도 창의적이어야 한다. 예술이나 학문은 물론이고 세일즈나 비즈니스도 컴퓨터로는 할 수 없는 부분이 많다. 그런 요소가 많을수록 창조적이라고 해도 좋다.

인간답게 살아가는 것은 인간만이 할 수 있다는 점에서 매우 창조적이고 독창적인 일이다. 컴퓨터의 출현과 함께 앞으로 인간은 어떻게 변화할 것인가, 그것을 통찰하는 것은 인간이 아니고서는 할 수 없다. 그것이 바로 창조적 사고다.

'생각한다'의 정의

생각하는 사람에서
사고하는 사람으로

일본인은 미국인과 대화할 때 'I think……'라고 말할 때가 많다. 어떤 일본인은 미국인으로부터 일본에 그렇게 사색적인 사람들이냐는 질문을 받고 당황한 적이 있었다고 한다. 일본 특유의 꾸미는 말, 즉 레토릭(rhetoric)을 잘 몰라서 놀랐을 것이다.

일본인, 더 나아가 동양인들은 실제로 말할 때 "……라고 생각합니다"라는 말을 자주 한다. 딱히 확실한 판단에 근거해서 하는 말은 아니다. 이유는 몰라도 입버릇처럼 붙어버린 것이다.

'A는 B다'라고 단정해 버리면 너무 노골적이거나 상대에게

건방지게 구는 것 같은 기분이 든다. 그래서 이걸 뭔가로 포장하고 싶은 것이다. 그러고 보니 우리는 남에게 돈을 줄 때도 봉투에 넣는다. 가게 앞에서 물건을 살 때는 물론 돈만 내지만, 조금이라도 사교적인 의미가 담긴 돈을 줄 때는 봉투에 넣어줘야 하는 것이 상식이다.

축하를 받고 봉투를 열었는데 바로 지폐가 보이면 왠지 멋없다고 느끼는 사람이 꽤 있다. 그래서 정중한 축의금 봉투에는 안에 봉투가 하나 더 있는데, 봉투를 열어도 바로 돈이 보이지 않는다. 이쪽이 품위 있어 보인다. 포장하는 마음 씀씀이는 이런 데에서도 드러난다.

'A는 B다'라고 말하는 것은 돈을 봉투에 넣지 않고 그냥 들이미는 것과 같아서 어쩐지 상스럽게 느껴진다. 마찬가지로 말을 포장하면 'A는 B라고 생각합니다'라던가 'A는 B가 아닐까요?'가 된다. 그 심리가 영어로 말할 때도 작동하는 것이다. 'A is B'라고는 할 수 없으니 'I think A is B'라는 표현을 쓴다. 실제로는 딱히 생각하고 있는 것이 아니라서 사색적이냐는 식의 과대평가를 들으면 당황스럽다.

일찍이 일본인의 과학 논문을 영어로 번역하는 일을 하던 영국 물리학자가 허를 찌르는 문제를 제기한 적이 있다. 일본인의 논문에는 문장 끝에 '……일 것이다'라는 말이 자주 나온다는 것이다.

'A는 B다'라고 해야 할 부분이 'A는 B일 것이다'라고 되어 있다. 그렇게 말하면 자신의 이론이 불확실하고 확신이 없는 것처럼 들린다. 그런데 사실은 논거가 불확실해서가 아니며 'A는 B이다'와 내용상으로는 같다. 그런데도 'A는 B일 것이다'라고 한다. 영어에는 이런 '……일 것이다'에 상응하는 말이 없어서 어떻게 번역해야 좋을지 모르겠다는 일종의 고발이었다.

이것은 당시 그 학계만이 아니라 여러 학계의 지식인들에게 강한 충격을 주었고, 학술 논문 속의 '……일 것이다'는 금세 자취를 감추었다. 하지만 솔직히 말하면 지금도 '……일 것이다'를 붙이고 싶어 하는 사람이 적지 않은 듯하다.

역시 'A는 B다'라고 노골적으로 표현하는 것은 망설여진다. 포장하고 싶은 마음에 문장 말미가 '……일 것이다'가 되는 것이다. 'A는 B일 것이다'가 'A는 B이다'와 의미가 다른 것은 아니다. 'A는 B이다'에 대한 하나의 변주, 어미변화에 지나지 않는다고 해석하는 것이 옳다.

'……일 것이다'는 처음의 미국인이 지적한 'I think……'와 아주 비슷하다. I think가 붙어 있는 것과 없는 것 사이에 논리상의 차이가 있지 않다. 차이가 있다면 수사상의 차이이다.

즉, '……라고 생각합니다'라는 것이 습관이 되어 영어로도 무심코 I think라고 하는 것은, 예를 들면, '나는 생각한다, 고로

232

나는 존재한다(I think, therefore I am)'와는 쓰임이 다르다는 것을 알아야 한다. 습관적으로 사용하는 I think에는 그 일인칭에 자신의 책임을 자각한다는 의미가 담겨 있지 않다. 이런 때의 think는 확고한 사고를 내세우려는 게 아니라 오히려 판단을 흐리게 하기 위한 베일 같은 역할을 한다.

셰익스피어 시대에는 지금은 사용되지 않는 'methinks'라는 영어 표현이 있었다. '……라고 생각된다'는 뜻이다. 주의해야 할 점은 I think의 I 대신 me가 첫머리에 붙어 있다는 점이다(me+thinks). 이것을 현대 영어로 바꾸어 말하면 'It seems to me……'가 된다.

동양인의 '……라고 생각한다', '……일 것이다'는 서양인의 methinks, 즉 It seems to me와 매우 흡사하다는 말이다. I think에 비하면 수동적이고 주장의 힘이 약하다. 자신이 생각한 것이 아니라 생각이 자신을 찾아온 것으로 표현한다.

과학자의 논문과 같이 분명하게 생각하려고 했던 데서조차 자연스럽게 나타나고, 마치 그 주장조차 수동적으로 받아들인 것이라는 듯 '……일 것이다'라고 얼버무리는 경우도 있다.

생각할 때는 I think라는 태도와 It seems to me라는 태도 두 가지가 있다. 동양인은 후자의 태도를 보이는 경우가 많다. 이 것은 동양인에게만 해당하는 것은 아니다. 사고는 대부분 처음부터 명확한 모습으로 나타나지는 않는다. 그저 희미하게, 단편적으로, 수줍은 듯이 얼굴을 내민다. 그것이 포착되어 어느 정도 명확한 윤곽이 되었을 때, It seems to me가 된다.

I think의 형태를 따르는 사고는 이미 상당히 명확한 형태를 취하고 있으며, 결말에 대한 전망도 서 있다. 완결된 사고의 서술이다. It seems to me의 형식은 진행형, 부정형 사고이다. 결론이 확실하지 않은 경우가 많다.

'태초에 말이 있었다'(요한복음 1장 첫 구절-역주)라고 말하는 것은 '나는 생각한다, 고로 나는 존재한다'라는 사고와 통하는 명확성을 지니고 있다. 이에 반해 It seems to me는 더욱 '해파리처럼 표류하는' 상태에 있다고 말해도 좋을 것이다.

'해파리처럼 표류하는' 것이 확실한 형태를 취하게 되려면 시간의 경과가 필요하다. 언제까지나 '해파리처럼 표류하는' 상태를 지속하는 것은 확산 붕괴하여 소멸한다.

이런 시간의 정리 작용에 맡겨 두지 않고 상념을 사고화하는 작업이 '생각하는' 것이다. '……라고 생각된다'라는 사고는 말하자면 몇 겹의 옷에 싸여 있는 상태다. 겉으로 보기에는 부드럽지만, 본체가 어떤지는 말하는 사람조차 다 알지 못할 정도로 명확하지 않다.

그 옷을 한 장 한 장 벗기는 것이 I think 본래의 사고다. 다만 이것을 하는 것은 일본인처럼 심정적 사고를 좋아하는 사람에게는 특히 힘든 일이다. 독서를 통해 자신이 느끼는 것과는 다른 사고를 접하는 동안 자기 생각이 밝혀지는 타발적 방법도 있을 수 있다.

이와는 별도로 글을 쓰는 것은 자기 생각을 밀어붙이는 것이며, 글을 쓰는 것은 생각하는 것이라고 말하는 사람도 있다. 막연했던 생각이 글을 쓰는 과정에서 분명해지고, '생각되는 것'의 외장이 벗겨져 핵심으로 다가갈 수 있다.

'글을 쓰는 것은 인간을 엄격하고 세밀하게 만든다'라고 말하는 사람도 있다. 이렇게 쓰는 것과 생각하는 것의 병행설을 말하는 사람이 대부분 에세이스트라는 점이 흥미롭다. 에세이스트는 '……라고 생각되는' 것들을 '사상'화하는 과정에서 기쁨을 발견한다.

에세이는 사상이 여전히 옷을 입은 상태로 제시되어 있다. 그래서 아주 가깝게 느껴지는 것이다. 에세이에는 시론(상당히 명확한 사고를 담은 글)과 수필(아직 명확한 사고의 형태를 취하지 않는 상념을 쓴 글)이란 두 가지 의미가 있다. 여기에는 '……라고 생각되는' 것을 그대로 표현하느냐, 아니면 좀 더 정리된 논리로 표현하느냐, 하는 차이가 있다.

I think의 에세이가 시론이라고 한다면, It seems to me의 에

세이는 수필, 수상이라고 할 수 있다. 어쨌거나 에세이스트는 가장 친근한 자리에서 생각을 정리하는 사람이다. 뭔가 생각나면 써본다. 그 과정에서 자신의 생각이 조금씩 It seems to me에서 I think로 향해 간다. 이런 의미에서 우리는 누구나 에세이스트가 될 수 있다.

도쿄대 강의: 새로운 두뇌 사용법

『생각의 도약』을 읽은
여러분에게 전하고 싶은 것

지식과 기억

🌿

뉴스를 보면 사람들이 경제 문제에 관심이 많다는 걸 알 수 있다. 국가 경제력이 떨어지는 것을 지나치게 걱정하는 경향이 있는데, 이는 사람들이 경제력을 매우 소중하게 생각하고 있다는 증거일 것이다. 반면 경제력을 중시할 정도로 '문화력'을 중시하지는 않는다. 그 결과로 문화력은 세계 상위권에 들지 못하면서도 이것에 위기감을 느끼지 않고 경제만 쫓는 것은 한심하다는 생각이 든다.

메이지 시대부터 사람들이 '공부'라고 칭하며 노력해 온 것은 대부분 외국을 흉내 낼 뿐인 수동적인 공부였다. 미국에서는 그런 사람들을 가리켜 '카피캣'이라고 부르는데, 매우 유감스럽지만 그렇게 말해도 어쩔 수 없다.

특히 문화계 분야에서는 그저 책을 읽고 외국 것을 머릿속에 집어넣고 섞어서 마치 자기 생각처럼 보이게 하는 연구자들이 많다. 이는 바람직하지 않은 일이다. 스스로가 빚어낸 생각이라면 국제적인 비판을 받을 용기를 가지고 외국어로 논문을 써야 한다.

지금까지 문화계 연구자 중에는 자국어로 학술 연구를 발표하는 사람이 많았다. 그러면 표절이나 무단 도용이 어느 정도인지 알기 어렵다. 언어라는 벽에 가로막혀 세계 사람들이 그 연구자가 쓴 것을 비판하고 음미할 수 없다. 그런 상황이다 보니 자기 생각이 아닌 것을 자신이 생각한 것처럼 발표하는 나쁜 습관이 오랫동안 지속되어 왔다.

문화에서 '지식'은 중요한 역할을 한다. 지식이 없으면 아무것도 할 수 없다. 다만 위 경우의 지식은 스스로 만든 것이 아니다. 다른 사람이 만든 것을 전해 듣고 익힌 것에 지나지 않는다. 대부분은 지식이 아닌 '기억'으로 대처할 수 있다.

기억력이 나쁜 사람은 지식 습득에도 어려움을 겪는다. 우리는 초등학교 때부터 '잊으면 안 된다', '외워라'라고 배웠다. 기억력이 매우 중요한 능력이라고 믿었고, 인간의 가치는 기억력의 우수함에 의해 평가되는 풍조를 비판 없이 받아들였다. 그래서 기억력만으로도 학교에서 우수한 성적을 올리면 '머리가 좋은 사람'이라고 생각했고, 실제로 그런 평가를 받은 사람이 좋은 직장에 정착하고 사회적으로도 혜택을 받는 경우가 많았다. 그 결과 지식과 기억이 자신에게 '어떤 것인가'를 충분히 반성하지 못하고 현재에 이르렀다.

컴퓨터는 적인가, 아군인가?

❧

1950년대부터 서서히 보급되기 시작한 컴퓨터는 지식과 기억에 대한 인식 부족에 경고를 하기 시작했다. 처음에는 계산기 수준이었지만, 점차 인간의 기억과 재생 능력을 대신하게 되면서 지적 혁명이 일어났다.

『생각의 도약』을 집필했던 1983년은 컴퓨터가 등장한 지 30여 년이 지났을 무렵이었다. 지금까지 해온 공부 방식이 과연 옳은 것일까? 머지않은 미래에 컴퓨터에 지는 것은 아닐까? 그런 생각이 들었다.

산업혁명 당시, 마력(horsepower)을 가진 기계가 인간의 힘을 압도하자 공장에서는 인간을 대량으로 쫓아내 버렸다. 많은 사람이 마력으로는 처리할 수 없는 정보와 사무를 처리하기 위해 사무실에 들어가 샐러리맨이 되었다.

그런데 이번에는 컴퓨터가 등장했다. 또다시 샐러리맨들을 대신할 수 있는 힘을 가지고서 말이다. 컴퓨터의 처리 능력은 모든 상황에서 인간보다 합리적이고 빠르며 정확하다는 것이 입증되었다.

끊임없이 잊어버리는, 불완전한 기억력을 가진 인간이 컴퓨터와 맞서서 살아남을 수 있을까? 컴퓨터는 인간이 만든 도구라서 때로는 친근감을 느낄 수도 있지만, 정보 처리 능력에 관해서는 인간에게 '적'이다. 이 적과 대치해서 어떻게 하면 이길 수 있을지를 생각하지 않으면 아주 곤란한 사태에 빠진다.

물론 컴퓨터는 기억과 재생에 관해서는 인간을 훨씬 능가한다. 그러나 '아무것도 없는 제로 상태에서 생각하기', '앞날을 정확하게 읽기', '남의 기분을 헤아리기' 등 상상력을 총동원해서 무언가를 발상하는 것은 현시점에서 인간만큼 정확하지 않은 경우가 많다. 그리고 무엇보다 중요한 것은 기억한 정보를 '잊는' 것이 불가능하다는 점이다.

이에 비해 인간의 '잊어버리는' 능력은 매우 고급스럽게 만들어져 있다. 무의식의 가치관에 맞춰 자신에게 유용한 것은 잊지 않고, 쓸모없는 것은 잊는다. 즉 '선택적으로 망각하는' 힘을 가진 것이다. 컴퓨터는 모든 데이터를 지워버리면 잊어버리지만 그것은 전면적인 망각이다. 반면에 인간은 선택적으로 망각하는데, 컴퓨터와는 달리 각자의 가치관에 따라 다르게 잊어지는 것이라 매우 개성적이다. 개성이란 정보의 기억만으로는 만들어낼 수 없다. 정보도, 기억도 그대로는 몰개성적이다.

인간도 여러 사람이 똑같이 정보를 기억할 수 있다. 시험에서 100점 만점을 받는 답안은 몇 명이 있어도 같은 답을 말한다. 그런데 인간의 망각 작용이 작용하여 기억에 결손이 생기면 답안은 십인십색으로 갈린다. 각기 다르게 잘못 알고 있는 것이다.

똑같이 83점을 받은 답안지가 몇 개 있다고 해도, 다 똑같은 문제에서 점수를 받았다면 커닝을 의심해도 좋다. 그만큼 망각은 개인차가 뚜렷하다.

인간의 머리는 결코 어중간하게 잊어버리는 것이 아니라 자신에게 '의미 있는 것'과 '의미 없는 것'을 구별하고, 의미 없는 것을 잊어버린다. 여기에 개성이 드러나는데, 이것은 컴퓨터가 할 수 없는 기능이다.

유아 교육과 절대 어감

❧

우리는 선택적 망각을 최대한 활용함으로써 컴퓨터와 상호작용할 수 있다. 여기서 '생각하는 것', 그리고 생각한 것을 '잘 잊는 것'이 중요해진다.

그렇다면 '잊는다'는 것은 어떤 것일까? 머릿속에서는 무의식적으로 자각하지 못하는 가치관의 네트워크가 작용한다. 거기에 걸리는 것은 잊어버리지 않지만 통과하는 것은 잊어버리는 구조로 되어 있고, 가치관이라는 그물은 태어나서부터 5~6살 사이에 거의 형태를 갖추게 된다. 다만 그것이 어떻게 형성되는지는 전혀 알 수 없다.

아이들을 보고 '생각하고 느끼는 것'이 서툴다고 생각하는 사람이 있을지 모르지만, 이는 큰 오해다. 인간은 누구나 태어나서 몇 년 동안 최고의 사고력과 감수성을 갖는다.

예를 들어 적극적으로 가르치지 않아도 3~4년 만에 모국어를 거의 마스터한다. 그리고 각자의 머릿속에 자신만의 문법을 만들어낸다. 나는 이것을 '절대 어감'이라고 부른다.

아이도 본인이 문법을 가지고 있다는 걸 자각하지 못한다. 평소에는 모르는 것 같아도 다른 사람이 자신과 다른 말을 하면 곧바로 '이상하다'고 느낀다. 그렇게 외국어나 다른 방언을 판별

할 수 있는 것도 머릿속에 만들어진 자신의 문법에 비추어 내가 하고 있는 말과 다르다고 판단하기 때문이다.

그런데 학교에 들어가면 선생님은 그 능력을 무시하고 '문자'를 통해 정보나 지식을 습득하게 한다. 게다가 "잊으면 안 돼", "기억해야 해"라며 쌓아두게만 하니 지식은 늘어나지만, 개성의 핵심인 절대 어감은 억제된다.

지식은 가지고 있기만 해도 생각하는 수고나 귀찮음을 덜어주므로 지식이 늘어날수록 생각을 하지 않는 악순환이 생겨난다. '지식의 양'과 '사고의 힘'이 반비례하는 것이다. 많은 것을 알게 되면 자유로운 생각을 하기 어렵고 창의적 사고와 거리가 멀어진다. 공부를 많이 한 사람이나 공부를 잘하는 아이에게 나타나는 고통스러운 현상이다.

반대로 아무것도 모르는 사람은 지식으로 처리하지 못하기 때문에 일일이 자기 머리로 생각하고 문제를 해결하는 수밖에 없다. 가지고 있는 지식이 적으면 오히려 생각하는 힘이 발휘되므로 아무것도 모르는 사람이 새로운 것을 생각하는 능력이 뛰어나다.

지적 대사증후군

✿

지식을 습득하는 방법에도 문제가 있다. 지식을 '먹을거리'라고 생각하면 이해하기 쉽다. 인간은 음식물을 위 속에서 소화해 장에서 영양을 섭취하고 필요 없어진 것을 배설한다. 마찬가지로 지식도 머릿속에 집어넣고 머릿속에서 소화해서 중요한 것을 잘라내고 필요 없어진 지식은 배출해야 한다. 하지만 우리는 어떤 것이든 지식을 잊어서는 안 된다고 생각한다.

17세기 영국의 철학자 프랜시스 베이컨은 '지식은 힘이다'라는 말을 남겼다. 이것은 지식을 버리지 말아야 한다는 매우 강한 신념을 나타낸다. 사람들은 이런 말을 맹신하게 되었고 쓸모없는 지식을 머릿속에 남겨 두게 되었다. 하지만 이는 위험한 일이며, 오래 지속되면 '지적 대사증후군'에 빠지게 된다. 사용하지 않는 영양분이나 지방이 점점 쌓이는 것과 마찬가지로, 사용하지 않는 지식이 많아지면 사고력이 활기를 잃거나 억제되는 등 여러 가지 폐해를 일으킨다.

옛날부터 지식층은 있었지만, 현대에는 축적하는 지식이 엄청나게 증가하여 사태가 더욱 심각하다. 공부깨나 했다는 사람조차 더 많은 지식을 쌓아 컴퓨터가 되기를 바라는 것 같다는 생각이 들 때도 있다.

생각을 할 때 머리에 지식이 가득 차 있으면 자유로운 사고를 하기 어렵다. 컴퓨터가 널리 보급된 지금은 완전한 지식을 기억하는 데 집착할 필요가 없다. 더 빨리 정보를 넣어 불필요한 것은 점점 잊어버리고 그 위에 필요한 것을 남겨야 새로운 발상이 나온다. 지적 대사증후군에 걸리지 않기 위해서는 무엇보다 '잊는' 것이 중요하다.

쓸데없는 것들을 정리하고 머릿속을 정리하면 새롭고 유용한 정보가 쉽게 들어온다. 반대로 원래 있던 정보까지 끄집어낼 수 있어 새로운 발견으로 이어진다. 지금까지 우리에게 '잊는' 것은 '골치 아픈' 일이었지만 사실은 활발한 사고 활동을 촉진하기 위해 꼭 필요한 작업이다.

인간은 잊지 않으면 곤란해진다는 사실을 본능적으로 알고 있다. 자는 동안 3~5회씩 렘수면에 빠지는 것이 그 증거다. 렘수면 중에 우리는 깨어 있을 때 들어온 지식과 정보를 가치관이라는 거름망에 비추어 분류한다. 기억해야 할 것과 잊어버려야 할 것을 가려내고, 쓸모없는 것은 버린다. 한 번으로는 불충분하므로 여러 번 반복적으로 무의식적인 망각 작업을 한다. 눈을 떴을 때 기분이 상쾌하고 머리가 맑아진 것처럼 느껴지는 것은 불필요한 정보가 배출됐기 때문이다.

정보의 늪에 빠지지 않는 방법

❧

현대에는 책뿐만 아니라 여기저기서 다양한 정보가 넘쳐 난다. 텔레비전, 신문, 인터넷 등 정보가 엄청나게 쏟아지기 때문에 렘수면에 의한 자연 망각만으로는 머리가 완전히 정리되지 않는다. 어쩐지 아침에 일어나기 힘들다고 하는 사람이 많은 것은 그 때문일지도 모른다.

원래 '생각하는' 것은 아침에 눈을 뜨고서 일어날 때까지의 몇 분간이 최적이다. 가능하면 10분에서 20분 정도 시간을 두고 생각한다. 완전히 깨어 있지 않아도 된다. 멍한 머리로 천장을 바라보고 있을 때가 가장 좋은 시간이다. 중국에서는 '침상'이라고 부르는 베개 위의 시간이다. 이때 불쑥 생각이 튀어나오는데, 전날의 정보가 아니라 며칠 전의 것이 갑자기 튀어나오기도 한다. 이것이 바로 망각이 잘 진행된 머리에서 나오는 창조적 사고다.

밤잠만으로 충분히 망각할 수 없다면 산책하는 것을 권한다. 걷는 것만으로도 혈액순환이 좋아진다. 또 산책하는 동안에는 다른 일을 할 수 없어서 멍하니 있을 수 있다.

처음 30분 동안에는 별 반응이 없을 것이다. 30분 만에 머릿속이 정리되지 않기 때문이다. 40분, 50분 정도 걸으면 혈액순환이 좋아진다. 그리고 그제야 머릿속에 씌워져 있던 안개가 걷히고, 머릿속에 잠자던 것이 모습을 드러낸다. 여기까지 오면 산책의 진가가 발휘된다. 생각지도 못한 것을 떠올리고, 생각해 내고, 연상한다. 재미있다.

산책할 때는 적어도 30분은 워밍업으로 계산하지 않고 그냥 걷는다. 그러고 나서 생각해 낸 것이 독자적인 사고라고 할 수 있다.

산책은 아주 좋지만 시간이 걸린다. 짧은 시간 동안 걸으면 의미가 없기에 적어도 한 시간은 필요하다. 아무리 좋다고 해도 한 시간이나 산책할 시간이 없는 사람도 많은 것 같아서 산책 대신에 해야 할 것도 소개한다. 목욕이다.

목욕을 하면 온몸의 혈액순환도 좋아지고 긴장도 풀 수 있다. 하다 보면 아주 최근의 일이 잊혀지고 문득 먼 옛 기억이 떠오르는 듯한 좋은 기분이 든다. 그때 나오는 생각은 아주 좋은 생각이다. 욕실에서 아이디어를 얻는 사람도 많을 것이다.

'쉬는 시간' 또한 굉장히 중요하다. 학교에서는 각 수업 사이에 10분 정도의 쉬는 시간이 있다. 이 시간은 아주 중요한 망각의 시간으로 이전 수업을 최대한 잊기 위해 사용해야 한다.

공부를 열심히 하는 아이가 모두 밖으로 나와 놀고 있는 동안에도 교실에 남아 노트를 정리하거나 책을 읽고 있으면 그 모습을 본 선생님이 감탄하기도 한다. 그러나 이는 좋지 않은 습관이다. 쉬는 시간에는 공부를 이어 하는 것보다 밖으로 나가 뛰어다니면서 땀을 흘리는 것이 훨씬 좋다. 교실로 돌아올 때 '아까 수업은 뭐였지?' 하는 정도가 되면 상당한 효과가 나타났다는 증거다. 수업과 수업 사이의 쉬는 시간은 10분 정도이지만 조금 더 길게 쉬어도 된다. 머릿속을 그때그때 정리하면 학습 능률이 오르고 생각하는 힘과 기억력도 활발해진다.

한 가지 일을 계속하는 것을 '지속하는 것이 힘이다'라고 칭찬하는 사람도 있겠지만, 같은 일을 오래 하는 것은 머리에 좋지 않다. 일상생활에서도 마찬가지다. 아침부터 밤까지 같은 책을 읽는 것이 가장 안 좋다. 책을 읽은 다음에는 다른 일을 하는 것이 좋다. 밖에서 조깅을 하는 등 가급적 다른 종류의 일을 해야 머릿속에 넣은 것을 쉽게 잊을 수 있다.

다시 한번 말하지만, 잊는 것을 두려워해서는 안 된다. 오히려 많이 잊어야 좋다. 잊어버릴 것은 결국 벼락치기 공부와 같아서 오늘 잊지 않는다고 해도 이삼일 지나면 잊어버린다. 그에 비해 '잊히지 않는' 것은 때에 따라서는 평생 남기도 한다. 잊어버림으로써 새로운 것을 생각하는 방법이 있다는 것을 명심하고, 이를 이용해서 새로운 사고를 만들어내야 한다.

새로운 두뇌의 사용법

❧

우리는 태어나서부터 대여섯 살까지 뛰어난 지적 능력을 갖추고 있었다. 유아의 눈과 귀는 매우 발달해 새로운 것을 점점 흡수하며 배움의 신진대사가 활발해진다. 그런데 막상 성장을 하면 가지고 있던 지적 능력을 거의 잃게 된다. 글자로 된 정보나 지식이 입력됨으로써 신진대사가 정지한다.

'배움'이 초등학교의 지식 교육에서 시작된다고 생각하는 사람도 많지만, 조금 잘못된 생각이다. 배움은 태어나자마자 시작된다. 우리는 태어날 때부터 가지고 있는 능력을 어떻게든 유지하면서 지식을 습득해 간다. 이 능력을 유지하는 게 가능하다면 컴퓨터에 맞설 수 있는 가장 좋은 방법이 될 것이다.

생각할 때 지식은 '적'이 된다. 머리를 쓰는 지름길은 망각을 아군으로 만드는 것이며, 적과 아군을 오인해서는 안 된다. 망각을 꺼리는 것은 모처럼의 아군을 적으로 돌리는 것과 같다.

기억으로 지식의 양을 늘릴 수는 있어도 자기 머리로 만들어내는 사고의 양은 안타깝게도 늘릴 수 없다. 그러나 생각하는 것은 태어날 때부터 계속해 온 일이며, 본래는 지식이 없어도 가능한 일이다. 애초에 인간은 지식 없이 태어나므로 모든 것을 자기 감각과 사고로 이해하고 해결해야 한다.

이 최고의 지적 활동을 어렸을 때 무의식적으로 했지만 지식을 습득하게 되면서 그런 능력을 어딘가에 버려야 했다. 성장과 함께 지식이 늘어나면 잊는 것도 하지 못하고, 새로운 것을 생각하지도 못하는 나쁜 지적 인간이 만들어진다. 게다가 고등교육에 이르면 지식이 세분되고 전문화되면서 자기 머리를 얽어매어 자유롭게 생각하는 것을 극도로 어렵게 만든다. 우리는 두뇌의 사용법을 새롭게 생각할 필요가 있다.

유아기에는 오로지 스스로 생각했는데, 학교에 다니는 시기가 되면 갑자기 지식 일변도가 된다. 지금은 잃어버린 어린 시절에 가지고 있던 능력을 어떤 형태로든 되살려낸다면 컴퓨터를 뛰어넘는 것은 물론, 사회를 움직이는 원동력이 될 것이다.

데카르트는 '나는 생각한다. 고로 나는 존재한다'라는 명제를 남겼다. 여기서는 자각적 사고만을 인정하고 지식은 인정하지 않지만, 인간은 순수 사고만으로는 살아갈 수 없다. 베이컨처럼 '지식은 힘이다'라는 말도 참고해야 한다. 지식의 힘과 거기에 더해 생각하는 힘도 필요하다.

나는 '사고'라고 하는 스스로 생각하는 힘을 매우 중요하게 생각하지만, 결코 지식이 필요 없다고 말하는 것이 아니다. 지식을 잘 활용하면서 그 지식을 자신만이 할 수 있는 개성적이고 독창적인 사고와 융합해야 한다.

하이브리드 문화

🌿

    가솔린 엔진의 동력만으로 달리던 자동차에 전기계통의 동력을 끌어들여 두 동력을 융합시킨 것이 하이브리드 자동차다. 가솔린 소비가 큰, 시동 걸 때와 멈출 때를 전후로 동력을 달리하는데, 상황에 따라 가솔린 엔진에서 전기계통 동력으로 적절히 전환해서 달린다. 기존 방법보다 연비가 높고 환경에도 좋다. 가솔린 엔진의 모든 것을 부정하지 않고 잘 활용할 뿐만 아니라, 서로 양립할 수 없다고 여겼던 전기 동력을 병용한다는 독창적인 발상에서 탄생하였다.

    사고와 지식의 관계도 종래라면 상반되는 관계에 있다. 그런데 이 둘을 융합하면 하이브리드적 지성과 이성이 생겨나, 파스칼이나 데카르트가 생각하지 못했던 새로운 인간 문화로서 지금까지의 문화를 비약적으로 발전시킬 가능성이 충분하다. 그래서 지금은 너무나 미력하고 미약한 사고력을 더욱 높여 지식과 부딪치고 충돌시키고, 나아가 융합시켜야 한다. 사고와 지식의 하이브리드가 필요한 것이다.

    '하이브리드'라는 말은 예전에는 '엉성하다', '혼합하여 좋지 않다'는 뉘앙스로 쓰이기도 했다. 그런데 지금은 단일한 것은 약하니 그것들을 더해서 잘 섞으면 아주 강해진다는 의미로 받아

들여지고 있다.

예를 들어 문화계 공부와 과학계 공부는 지금까지 나뉘어 있었다. 문화계 공부는 기억이 중심이고 과학계 공부는 사고가 중심이 되어 이들은 서로 다른 분야로 발전해 왔다. 하지만 앞으로는 문화계의 축적된 정보와 과학계의 뭔가를 만들어내는 사고를 융합시켜야 한다. 그렇게 되면 지금까지 분열되어 있던 것이 종합적 성장으로 전환된다. 풍부하고 인간미가 있으면서도 새로운 것을 계속해서 만들어내는 창조력이 생겨난다.

세계에도 그런 일을 지향하는 사람이 많을 것이다. 외국의 것을 무조건 따라 하는 흉내 내기는 이제 버려야 한다. 그보다는 21세기 인간으로서 생각과 지식, 창조와 기억을 융합시켜 새로운 에너지를 만들어내야 한다. 그러면 컴퓨터에 당하지 않을 것이다. 자기 삶에서 지성과 이성의 융합이 성공한다면 위대한 성과를 얻을 수 있을 것이다.

젊은 당신에게 전하고 싶은 말

나는 나이를 먹었다. 앞서 말한 하이브리드 문화도 그게 어떤 것인지 상상할 뿐이다. 젊은이들은 자신의 지성과 이성을 싸우

게 하지 말고 둘을 잘 연결하여 지금까지는 지성으로만, 혹은 이성으로만 생각하느라 만들지 못했던 '새로운 문화'를 만들어줬으면 한다. 아마도 인류 역사상 가장 흥미로운 문화가 탄생할 것이다.

이성과 지성 외에 여러분 각자의 고유한 특성을 더 넣어도 좋다. 그렇게 자신이 생각한 것을 다른 사람들에게 알리고, 그 사람을 움직일 수 있는 학문을 계속했으면 한다.

순수하지 않은 것, 잡다한 것에는 힘이 있다. 때로는 거기에서 새로운 것이 탄생한다. 그런 발상을 소중히 여겨야 한다. 외국의 흉내를 내거나 수동적으로 배우지만 말고 새로운 문화를 자신의 힘으로 만들어가려고 노력해라. 당신은 그러기 위해 지금 공부를 하는 것이다.

나보다 훨씬 젊은 여러분에게는 분명 미래의 세계를 이끌어 갈 힘이 있다. 그것이 나에게 큰 희망이기에 그 일부를 이 책에 담았다. 간행된 지 오래되었지만, 처음 책을 썼을 때와는 전혀 다른 독자들에게도 그 뜻이 계속해서 전달되고 있었다는 사실이 무척 기쁘다. 이 책을 알아봐 준 젊은이들에게 진심으로 경의를 표한다. 이 책이 지금도 읽히고 있다는 것은 새로운 세대의 사람들이 새로운 감수성과 사고력을 갖고 있다는 상징이라고 확신한다.

여러분, 부디 세계적 규모의 독창성과 발산력을 가지고 새로운 문화를 만들어가는 그런 힘을 기르기를 간절히 바란다.

- 1983년에 처음 출판된 책은 지쿠마 세미나를 엮은 것입니다. 이것을 다듬어 1986년에 지쿠마 문고본을 출간했습니다.

- 이 책 『생각의 도약』은 이를 재편집한 후 도쿄대 특별 강의 「새로운 두뇌 사용법」을 더한 신판입니다.

생각의 도약

초판 1쇄 발행 2025년 1월 29일
초판 3쇄 발행 2025년 3월 7일

지은이 도야마 시게히코
옮긴이 전경아
펴낸이 김선준, 김동환

편집이사 서선행
책임편집 최구영 **편집3팀** 최한솔, 오시정
디자인 정란
마케팅팀 권두리, 이진규, 신동빈
홍보팀 조아란, 장태수, 이은정, 권희, 박미정, 조문정, 이건희, 박지훈, 송수연
경영관리 송현주, 권송이, 윤이경, 정수연

펴낸곳 페이지2북스
출판등록 2019년 4월 25일 제 2019-000129호
주소 서울시 영등포구 여의대로 108 파크원타워1, 28층
전화 070)4203-7755 **팩스** 070)4170-4865
이메일 page2books@naver.com
종이 월드페이퍼 **출력·인쇄·후가공** 더블비 **제본** 책공감

ISBN 979-11-6985-120-6 (03320)